Hinweis für alle Leserinnen und Leser:

Ich diesem Buch lasse ich dich an meinen Erfahrungen mit Seelenrückholung teilhaben. Auch gebe ich dir wertvolle Hinweise, um mit deinen Seelenanteilen in Kontakt zu kommen und deine innere Harmonie zu finden. Dieses Buch wurde sorgfältig erarbeitet und hat es sich zum Ziel gesetzt, Ratschläge zur Selbsthilfe zu vermitteln. Bei gesundheitlichen Beschwerden bitte ich dich, den Rat eines Arztes oder Heilpraktikers einzuholen, insbesondere wenn diese akut sind. Dieser kann dir dann mitteilen, inwieweit diese Methoden und Techniken, die in diesem Buch beschrieben sind, deine ärztliche Therapie unterstützen können. Für eventuelle Nachteile, die aus den praktischen Hinweisen des Buches resultieren, können weder die Autorin noch der Verlag eine Haftung übernehmen. Sie liegen in der Eigenverantwortung des Lesers.

Für deine Seele

*Meinen großen Dank und meine Liebe
an Mutter Erde, Vater Himmel, meine Seele
und an das Licht der Schöpfung,
das uns alle verbindet.*

Bianka Denise Albrecht

Seelenrückholung

Ein schamanischer Weg zur Heilung und
Ganzheit der Seele

© 2017 Bianka Denise Albrecht

Umschlaggestaltung, Illustration, Layout: Ralf Albrecht
Lektorat, Korrektorat: Caleb Sadler

Verlag: tredition GmbH, Hamburg

ISBN:
Paperback: 978-3-7345-9060-3
Hardcover: 978-3-7345-9061-0
e-Book: 978-3-7345-9062-7

Printed in Germany

Bibliografische Information der Deutschen Nationalbibliothek:
Die Deutsche Nationalbibliothek verzeichnet diese Publikation in der Deutschen
Nationalbibliografie; detaillierte bibliografische Daten sind im Internet über
http://dnb.d-nb.de abrufbar.

Inhaltsverzeichnis

DANKE

Voller Ehrfurcht und Liebe möchte ich DANKE sagen, an alle Menschen, die ich auf ihrem Seelenweg begleiten durfte. Danke für euer Vertrauen in euch selbst, in eure Seele, in eure geistigen Begleiter und in mich. Ich fühle mich geehrt, diese wertvolle Arbeit machen und als Geburtshelferin für ein neues Bewusstsein wirken zu dürfen. Es ist für mich die höchste Ehre und Erfüllung, Menschen darin zu begleiten, ihre Seelenkräfte aus der Trennung wieder in die Ganzheit der Seele zu integrieren, um ihr volles Potential leben und Licht, Freude und Kreativität in die Welt bringen zu können.

Tiefsten Dank an alle, die durch ihre Erfahrungsberichte dieses Buch bereichert haben. Es ist so schön, dass es Euch gibt und wir diesen Weg gemeinsam gehen.

Ich danke allen meinen Seelenanteilen für die Liebe und die Inspiration, die sie mir schenken. Ich danke ihnen für die Fülle, Kraft und die Freude, die ich durch sie erfahre und ich danke ihnen für ihre wunderbare Führung und Unterstützung in meinem Leben. Tiefsten Dank auch an meine Freunde aus der geistigen Welt, allen voran Clyde, dem Adler, die mich darin unterstützen, immer vollständiger zu werden.

Möge dieses Buch dazu beitragen, dass auch du Dein Licht und Deine Seelenkraft wiederfindest, damit du lichtvoll und voller Freude deinen Weg gehen kannst.

Jeder von uns ist ein Stern am Himmel und eine Sonne in seinem eigenen Universum.

Segenswunsch

Mögest du,
wenn die Sonne untergeht,
in den Horizont schauen
und dein wahres Sein,
dein Licht
und deinen Glanz erkennen,
denn die Sonne spiegelt dein Bewusstsein,
deine Schönheit und deine Lebenskraft wider.
Mögen alle deine Seelenanteile aus der Sonne
zu dir zurückkehren.
Mögest du dein Licht liebend annehmen
und dich ganz bei dir zu Hause fühlen

In lak'esh

Bianka

1. Teil

Ganzheit

Ich bin der Geist, der mit dem Adler fliegt
Ich bin der Geist, sich in den Lüften wiegt
und auf dem Wind reitet
und mit den Quellen singt
Ich funkle wie ein Stern
bin frei und leicht wie ein Kind
(Adler-Lied)

Dieses Adler-Lied kam während einer Visionssuche zu mir. Ich begab mich damals einige Tage in die Natur und in die Verbundenheit mit Mutter Erde, als ich dieses Lied empfing. Es ist ein Seelenlied, dass den Menschen an seine wahre Natur und seinen Ursprung erinnert. Es erinnert uns daran, dass wir nicht nur Körper, sondern auch Geist sind und aus dem Ursprung der Schöpfung kommen. Jedes Wesen ist eine Ausprägung und Manifestation des göttlichen

Bewusstseins. Unser Geist ist frei, leicht und beweglich. Er reitet auf den Winden durch unzählige Existenzen und lässt sein Lied aus den Tiefen seiner Seele erklingen. Wenn mein Mann und ich dieses Lied miteinander oder mit Gruppen singen, erhebt sich unser Geist, um sich mit allem zu verbinden und unsere Seelen erinnern sich an ihren wahren Ursprung.

Häufig existieren Anteile unserer Seele getrennt von uns, verdrängt aus unserem Bewusstsein und abgespalten von unserem Geist. Sie haben die Verbindung zu uns und dem Leben verloren und sich im Laufe der vielen Existenzen und Inkarnationen in alle Himmelsrichtungen zerstreut. Es ist jetzt die Zeit gekommen, um alle unsere Seelenanteile wieder zu uns zurückzuholen und in unsere Ganzheit zu integrieren.

Ganzheit ist ein Zustand vollkommener Harmonie und Schönheit der Seele, in dem deine Seele vollkommen geheilt und all ihre Anteile vollständig in deinem Körper integriert sind. In diesem Seinszustand bist du nicht mehr bedürftig und nicht mehr manipulierbar. Du ruhst in dir selbst und gibst aus der Fülle.

In dieser seelischen Ganzheit bist du eins mit dir selbst. Du bist dir deiner eigenen Kraft bewusst, lebst deine Lebendigkeit und erschaffst aus dir heraus immer wieder neue Welten und Kreationen. Du fühlst die Verbundenheit mit allen Wesen und liebst dich selbst und andere bedingungslos.

Durch die tiefe Heilung deiner Seele hast du Mitgefühl und tiefen Respekt für alle Wesen entwickelt. Du bist der erwachte Schöpfer und kannst dein Leben und das Leben anderer durch die Kraft deiner Seele und deiner Ausrichtung verändern. Du lebst in der Fülle und vertraust darauf, dass du alles bekommst, was du für deine Entwicklung brauchst. Du fühlst dich eins mit der Erde, dem Himmel, dem Wind, der Natur, den Menschen, Tieren, Flüssen, Bächen, Bergen und Tälern. Du lebst vollkommen im Augenblick und erfährst alle deine Gefühle intensiv, ohne Anhaftungen oder Projektionen. Du bewegst deine Seele frei und erlaubst den Wandel in dir.

Als ich mich vor vielen Jahren auf den Weg meiner Seele machte, wusste ich nicht, was mich erwarten würde und auf welche Wege und Pfade meine Seele mich führen würde, um wieder heil und vollständig zu werden. Es war und ist eine spannende Reise zu immer mehr Ganzheit und Wahrhaftigkeit, tieferer Liebe und Respekt vor dem Leben, größerer Zufriedenheit und Dankbarkeit und zu Zuständen reiner Ekstase und Glücks.

Die Freude, lebendig und glücklich in meinem Körper zu sein, würde ich nicht fühlen, wenn ich mich nicht im Laufe meines Lebensweges meiner Bedürftigkeit gestellt und mich auf diesen spannenden Weg eingelassen hätte, der mich erkennen ließ, wer ich in Wahrheit bin.

Alles wovon ich hier berichte, ist meine tiefste Erfahrung. Ich hoffe, diese können dir helfen, dein Licht und deine Ganzheit in dir wiederzufinden und zu stärken, denn in ihnen liegt deine gesamte Schöpferkraft und dein Potential verborgen.

Seelenverlust

Seelenverlust ist eines der größten Probleme der Menschheit und unserer Erde. Es bedeutet, dass die vitale Essenz eines Wesens und damit seine Gesundheit, Vitalität, Lebenskraft, Lebensfreude, Talente und ureigenen Gaben verloren gehen.

Ich erlebe Seelenverlust auf allen Ebenen unseres Lebens. Es ist eine direkte Folge und eine Auswirkung dessen, wie wir jahrhundertelang mit uns selbst, unseren Mitmenschen, den Tieren, den Pflanzen, dem ökologischen Gleichgewicht der Erde und unserer Nahrung umgegangen sind. Die Seele ist die vitale und elementare Essenz in allem, was lebt. Sie ist unsere Ur-Natur.

Jeder Mensch, jedes Tier, jeder Baum, jede Blume, jeder Stein - alles hat eine Seele und einen Geist. Die Naturvölker haben dieses Wissen bewahrt und behandeln die Erde sowie all ihre Lebewesen mit Respekt und Liebe. Sie wissen und fühlen, dass sie mit allem verbunden sind.

Gehen wir achtsam und mit Liebe mit uns selbst, unseren Mitmenschen und den Geschöpfen der Erde um, dann leuchtet die Seele darin. Sehen wir nur die äußere Hülle eines Wesens, ohne seinen Geist zu ehren, verbirgt sich dieser vor uns oder geht sogar verloren.

Seelenverlust ist ein übergreifendes Problem, das von der Großindustrie, den Konzernen, der Gesellschaft und der Politik mit erschaffen wird. Ein Großteil unserer Nahrung, die wir zu uns nehmen, hat keine Nährwerte und kein Licht mehr, da sie in künstlicher Umgebung wachsen muss. Fast jedes produzierte Lebensmittel entspricht nicht dem, was auf der Packung steht. Es wird ein attraktives Äußeres geschaffen, dem die Vitalität und die Lebenskraft fehlt.

Auch immer mehr Kinder wachsen seelenlos auf, da persönliche Begegnungen und der Austausch von Liebe in der Familie sehr häufig durch Fernseher, Computer oder durch Spielekonsolen ersetzt werden. Diese gaukeln dem Kind eine Scheinwelt vor und erwecken künstliche Bedürfnisse. Dadurch werden die wahren Bedürfnisse nicht gestillt und das Kind wächst zu einem bedürftigen Menschen heran.

Alte Feste und Bräuche, wie Weihnachten und Ostern zum Beispiel, verlieren an Seele, Licht und Inhalt, indem sie sich auf oftmals teure Geschenke reduzieren und die Rituale nichts als leere Floskeln werden.

Kein Wunder also, dass auch dem Menschen, der sich in den starren Strukturen unserer Leistungsgesellschaft und in den Scheinwelten der Werbe- und Vergnügungsindustrie bewegt, die Seele langsam verloren geht und er zu einem hüllenlosen Wesen wird, welches einfach nur nach Plan funktioniert. Wenn wir diesen Mechanismus erkennen, können wir bewusst wählen, wie wir leben möchten und dem Leben wieder mehr Seele geben.

Die häufigste Ursache für Seelenverlust ist, dass viele Menschen sich keinen Raum mehr für sich und ihre Seele nehmen. Der Tag ist durchorganisiert und durchstrukturiert, was wenig Zeit für Pausen und Entspannung zulässt. Entspannung findet häufig vor dem Fernsehgerät statt, welches von der Seele und ihren Bedürfnissen ablenkt. Das Auto, die Wohnung und die Arbeit bekommen weitaus mehr Aufmerksamkeit als die eigene Seele. Um ein gesundes Gleichgewicht zu halten, hilft es regelmäßig Zeiten einzuplanen, in denen sich der moderne Mensch mit seiner inneren Quelle und Seele verbinden kann. Wenn er das nicht tut, fühlt er sich zunehmend unglücklicher und ‚ausgebrannt‘. Auf der Suche nach dem Glücklichsein geht er Beschäftigungen und Reizen nach, die ihm das große Glück versprechen, nur um hinterher zu bemerken, dass er sich noch leerer fühlt. Durch Geld, Prestige, Alkohol, Drogen, einem neuen Auto, einem neuen Partner oder einem neuen Look sucht der moderne Mensch nach immer mehr Erlebnissen und ‚Kicks‘, die den Adrenalinspiegel in die Höhe treiben und die Sinne reizen. In Wahrheit dienen diese Reize nur dazu, die innere Leere nicht fühlen zu müssen.

Die Grundbedürfnisse des Menschen nach Freude, Liebe, Glück, Entspannung, Geborgenheit und Sicherheit werden in Produkten vermarktet, die nur dazu dienen, den Geist zu zerstreuen und die Leere zu stopfen, damit man sie nicht fühlen muss.

Menschen, die zu Einzelsitzungen zu mir kommen, erzählen häufig von einer Zeit, in der sie jung, glücklich und voller Träume, Visionen, Lebensfreude und Kraft waren. Damals hatten sie das Gefühl, die Welt und das gesamte Universum stehe ihnen offen. Doch mit den Jahren, den Anforderungen im Berufsleben, den Pflichten in der Familie und der Gesellschaft und dem damit verbundenen Stress, ging ihnen die Leichtigkeit und Lebensfreude verloren. Sie hatten immer weniger Kraft und Energie. Sie fühlten sich ‚ausgebrannt‘, ‚leer‘ und zutiefst unglücklich. Wenn ich in die Augen dieser Menschen sehe, vermisse ich das Strahlen und das Licht, welches man sieht, wenn ein Mensch und dessen Seele glücklich sind. Wenn die Seele verloren gegangen ist, sind die Augen müde und leer. Der Mensch ist innerlich kalt und kann nicht mehr berührt werden. Er empfindet alles als Last und strahlt keine Energie und Freude aus.

Auch wenn Seelenverlust eine alte schamanische Bezeichnung für einen seelischen Mangelzustand ist, ist er nach wie vor in unserer Volksseele enthalten. Unser Sprachgebrauch spiegelt dieses alte Wissen wider.

„Ich fühle mich wie eine Hülle" oder „ich fühle mich, als wenn ich neben mir stehen würde.", ist eine häufige Redewendung von Menschen, die seelischen Stress erfahren, tiefe Trauer oder Schmerz in sich spüren oder nur noch gefühls- und teilnahmslos das Leben an sich vorbeiziehen lassen. Auch der Begriff ‚Burn-Out' oder ‚Ausgebrannt-Sein' impliziert, dass kein Licht und keine Lebensenergie mehr vorhanden ist und dass die Seelenessenz verloren gegangen ist. Ein Mensch, der mit seiner ursprünglichen Seelenkraft verbunden ist, leuchtet von innen heraus. Er ist glücklich mit dem, was er ist und was er tut. Er hat die heilige Verbindung zum Leben wiedergefunden und damit auch den Lebenssinn. Darum leuchten beseelte Menschen von innen heraus und verändern ihre Umgebung durch ihr Sein und ihre Ausstrahlung.

Wenn Menschen sich nicht um ihre Seele kümmern und nichts tun, was ihr Nahrung gibt oder womit sie sich entfalten kann, verdrängen sie die unterschiedlichsten Aspekte ihrer Seele immer mehr, sodass das Licht und die Seelenkräfte ihnen nicht mehr zur Verfügung stehen.

Ein weiterer, sehr häufiger Grund, der dafür verantwortlich ist, dass Seelenverlust stattfinden kann, sind traumatische und schmerzhafte Schockerfahrungen. Erlebt ein Mensch im Kindes- oder Erwachsenenalter extreme Gefühls- und Schockzustände, können Anteile der Seelenessenz den Körper verlassen, um die Schmerzen und das Trauma nicht miterleben zu müssen. Es handelt sich dabei um eine Anpassungsstrategie der Seele, die automatisch stattfindet, damit der Mensch mit schmerzhaften Erfahrungen besser umgehen kann. Auf diese Weise hilft dieser Selbsterhaltungsmechanismus dem Menschen, in traumatischen Situationen weiterzuleben. Vor allem Kinder können auf diese Weise mit traumatischen Erfahrungen, die sie weder einordnen, noch verstehen können, weiterleben, ohne dass sie seelisch daran zerbrechen.

Dem Menschen können dabei die lichtvollen Seelenanteile, wie z.B. Vertrauen, Lebensfreude, Selbstliebe, Selbstbewusstsein, Mut, Offenheit, Verspieltheit, Leichtigkeit, Kreativität, Weiblichkeit, Männlichkeit und die unterschiedlichsten kreativen und spirituellen Ressourcen verloren gehen, die ein Teil seiner seelischen Natur sind.

Vor allem in der Kindheit kommen Seelenverluste und Abspaltungen häufig vor. Auch bei wiederholten Misshandlungen, Gewalterfahrungen oder lang anhaltenden Stresssituationen kann der Mensch nur überleben, indem er den fühlenden Teil in sich verdrängt. Finden traumatisierende und schmerzhafte Erfahrungen über einen längeren Zeitraum statt, können sich immer mehr Seelenanteile abspalten. Der Mensch wird dabei zunehmend ‚leerer‘ und kraftloser.

Opfer von sexuellem Missbrauch berichten, dass sie während des Missbrauchs ‚einfrieren‘, ‚kalt werden‘ und nichts mehr fühlen können. Die Wärme und das Licht verlassen in diesen Situationen den Körper. Aus schamanischer Sicht bedeutet das, dass die Seele aus dem Körper flieht, damit sie den Missbrauch nicht miterleben muss. Damit schützt sie sich vor Verletzungen. Menschen, die über einen längeren Zeitraum missbraucht werden, können auf diese Weise viele Seelenanteile verloren gehen.

Eine Frau aus unserer schamanischen Ausbildung erzählte uns, wie sie als erwachsene Frau in Therapie ihren kindlichen Missbrauch durch Malen verarbeitet hatte. Sie war erstaunt darüber, dass sie während ihrer Therapie alle Bilder aus der Vogelperspektive gemalt hatte. Als wir uns mit Seelenrückholung während der schamanischen Ausbildung beschäftigten, begriff sie aus welchem Grund.

Ihre Seele war damals, während der seelischen und körperlichen Verletzungen, aus ihrem Körper heraus getreten und hatte von oben zugesehen. Auf diese Weise konnte sie diese seelische Verletzung überstehen.

Ähnliches passiert, wenn ein Mensch ohnmächtig wird. Ohnmacht geschieht in der Regel zu einem Zeitpunkt, an dem der Mensch Schmerzen nicht länger ertragen kann oder seine Seele erschreckt wird. Die Seele verlässt dann fluchtartig den Körper.

Das erkennt man auch an dem Wort „Ohn(e) Macht." Die Seele fühlt sich machtlos über den eigenen Körper und verlässt ihn daher. Das Gefühl von Machtlosigkeit kann also auch Seelenverlust herbeiführen. Der Mensch verliert das Bewusstsein und kommt erst wieder zu sich, wenn die Seele zurückgekehrt ist.

Meine Erfahrungen mit Rückführungen in vergangene Leben und die Erfahrungen zahlloser anderer Menschen zeigen auf, dass die Seele während ihrer unterschiedlichen Leben und Inkarnationen in der Regel viele erschreckende und traumatisierende Erfahrungen machen musste. An diese Erfahrungen kann sich ein Mensch in einem normalem Wachzustand nicht erinnern. In Tiefenentspannung jedoch, während einer Rückführung, kann er in ein vergangenes Leben zurückkehren.

Da jede Erfahrung eine Prägung im Unterbewusstsein eines

Menschen hinterlässt, können Rückführungen dazu genutzt werden, in kraftvolle und schöne vergangene Leben zu reisen, um Zugang zu Kräften und Ressourcen zu bekommen, aber auch um die Ursache von diversen Ängsten und Blockaden erkennen und transformieren zu können.

Durch die vielen Zeitalter hinweg gab es Kriege, Schlachten, Hinrichtungen, Hexenverbrennungen, Überfälle, Hungersnöte, Seuchen, Inzest und Missbrauch und viele Menschen leiden noch heute an den Verletzungen, die damals ihrer Seele angetan wurden. Diverse Ängste und Phobien können die Folge davon sein. Die Prägungen, die ein Mensch aus vergangenen Leben mitbringt, erklären auch, warum manche Menschen unglücklich und innerlich blockiert sind, obwohl sie eine behütete und schöne Kindheit erfahren durften. Die Seele kommt immer mit einer Prägung aus vergangenen Inkarnationen in dieses Leben.

Während all den verschiedenen Leben und all den unterschiedlichen Verletzungen und traumatischen Erfahrungen gingen der Gesamtseele immer mehr Seelenanteile und somit auch immer mehr Seelenkraft verloren. Der Seelenkörper, der voller Lichtkraft auf diesen Planeten in diese Erderfahrung kam, wurde immer fragmentierter und kraftloser. Der Mensch verlor Seelenkraft und damit auch den Glauben an sich selbst und seine Fähigkeiten.

Unzählig vielen Menschen, denen ich in den vergangenen Jahren begegnen durfte, tragen tiefe Gefühle der Wertlosigkeit, Schuld und des Selbsthasses ins sich. Diese Gefühle konnten durch vergangene Verletzungen und dem damit verbundenen Seelenverlust des Vertrauens, der Unschuld und der Liebe entstehen. Somit haben diese Menschen keinen Zugang mehr zu ihrer eigenen Schönheit, Göttlichkeit und ihrer ursprünglichen Seelenkraft. Sie werden manipulierbarer und anfälliger für Fremdenergien, wie ich es in meinem Buch ‚Clearing - Befreiung der Seele ins Licht‘[1] ausführlich beschreibe. Das gesamte Energiefeld des Menschen, die Aura, das Immunsystem und die Selbstheilungskräfte werden durch Seelenverlust und Besetzungen geschwächt und der Mensch ist dadurch auch anfälliger für Krankheiten.

Seelenverlust bedeutet gleichzeitig auch Verlust von Lebensenergie und ursprünglicher Seelenkraft und kann für viele unterschiedliche körperliche und seelische Beschwerden verantwortlich sein. Viele Ängste, Wut und Trauer resultieren von Seelenverlust. In Abwesenheit von Vertrauen, Liebe, Mut, Freude und Gelassenheit können diese Wurzeln schlagen.

Da unsere Seelenanteile mit unserem Körper direkt korrespondieren, kann sich ein Seelenverlust als Energieverlust auch konkret auf ein bestimmtes Organ oder Körperteil auswirken. Wenn Organe oder Körperteile energetisch geschwächt sind, sind sie anfälliger für Krankheiten und können schwerer wieder gesund werden.

Depressionen, Energielosigkeit, Erschöpfung, fehlende Lebenskraft und fehlende Lebensfreude, Suchtverhalten, Taubheit, Müdigkeit, Schlaflosigkeit, Gefühle von Sinnlosigkeit und Getrenntheit, Burnout und Trauer sind alles Symptome für Seelenverlust und ein Hilfeschrei der Seele, die wieder beachtet werden möchte.

---

1   Bianka Denise Albrecht: Clearing – Befreiung der Seele ins Licht, Hamburg 2015, Tredition Verlag

Bedürftigkeit und Mangelbewusstsein

Die Ursache vieler Probleme der Menschheit und der Erde ist das Mangelbewusstsein und die seelische Bedürftigkeit, die durch Seelenverlust hervorgerufen wird.

Viele Menschen leiden unter seelischer Bedürftigkeit. Sie fühlen sich allein, ausgegrenzt, verlassen, wertlos, unsicher und leer, voller Selbstzweifel und Ängste. Wie sich das auswirkt, möchte ich dir an nachfolgendem Beispiel erklären: Michael ist ein herzensguter Mann. Er macht alles für seine Mitmenschen. Er hört ihnen zu, wenn sie Sorgen haben, ist immer zur Stelle, wenn sie Hilfe brauchen und ist bereit alles zu geben, um die anderen Menschen und seine Frau glücklich zu sehen. Wenn andere Menschen seine Liebe und Anstrengung würdigen, ist er glücklich und zufrieden. Er fühlt sich wertvoll und angenommen.

Leider verhält es sich häufig so, dass seine Anstrengungen nicht gewürdigt, sondern als selbstverständlich angesehen werden. Michael ist unglücklich, da er sich dadurch wertlos fühlt und das Gefühl hat, ausgenutzt zu werden. Da Michael sich in seinem tiefsten Inneren wertlos und unglücklich fühlt, versucht er, das fehlende Glücklichsein dadurch zu kompensieren, dass er versucht, andere glücklich zu machen. Sollten diese keine Luftsprünge machen, wenn er etwas für sie tut, fühlt er sich wertlos, ausgenutzt und leer. Diese Leere haben aber nicht seine Freunde oder Bekannte verursacht, sondern sie ist ein Mangel, der durch Seelenverlust verursacht wurde. Michael hat lediglich versucht, diese Leere zu füllen. Der konstante Versuch, andere glücklich zu machen, kann ihm immer nur vorübergehend Erfüllung und Freude vermitteln, aber nicht auf Dauer.

Wenn ein Mensch in seinem Inneren nicht vollständig ist, versucht er das, was ihm fehlt, entweder von anderen Menschen oder durch materielle Güter, zu bekommen. Wenn eine Person zum Beispiel wenig Selbstliebe hat, versucht sie, die Liebe von ihren Mitmenschen zu bekommen. Sie verhält sich dann häufig so, wie der andere Mensch es von ihr möchte, auch wenn ihr dieses Verhalten selbst nicht gefällt. Dabei verleugnet sie aber in den meisten Fällen die eigenen Bedürfnisse.

Genauso verhält es sich mit anderen Qualitäten wie zum Beispiel dem Selbstwertgefühl oder dem Selbstbewusstsein. Wenn einem Menschen Selbstwert fehlt, fühlt er sich häufig von einem Partner mit übermäßigem Selbstbewusstsein angezogen, der seine Gefühle der Unsicherheit kompensiert, wie es bei Martina der Fall ist. Martina ist eine zarte und sensible Frau. Sie redet nicht viel, hört gerne zu und strahlt viel Mitgefühl aus. Ihr jetziger Mann strotzt vor Selbstbewusstsein und Egoismus. Er sagt ihr „wo es lang geht" und dadurch fühlt sie sich sicher. Der Nachteil ist, dass sie sich von ihm nicht wahrgenommen und respektiert fühlt.

Bei Personen mit fehlendem Selbstwert kommt es häufig vor, dass sie Partner oder Freunde haben, die sehr dominant sind, ihre Partner unterdrücken oder sogar gewalttätig werden. Martina wünscht sich einen Partner, der sie ebenbürtig behandelt und achtsam mit ihr umgeht. Solange ihr jedoch die Selbstliebe und der Selbstwert fehlen, wird sie höchstwahrscheinlich Schwierigkeiten haben, einen solchen Partner zu finden.

Ein Vergewaltiger, um ein weiteres Beispiel zu nennen, ist oft ein Mensch, der sich machtlos fühlt. Durch die Vergewaltigung fühlt er sich für einen Moment vollständig. Die Macht, die er über den anderen Menschen hat, gibt ihm das Gefühl machtvoll und vollständig zu sein. Anstatt die Macht in sich selbst zu finden, unterwirft er andere Menschen, um sich sicher zu fühlen.

Bedürftigkeit ist ein weiterer Grund, warum Menschen in die Armee gehen oder freiwillig in den Krieg ziehen. Die Uniform gibt ihnen das Gefühl, wertvoll, wichtig und machtvoll zu sein. Die Waffen geben ihnen die Kraft, die ihnen in der Seele fehlt. Mein Mann und ich begleiteten schon einige Uniformträger in der Bundeswehr und der Polizei, die nach jahrelangem Staatsdienst unglücklich mit ihrer Situation waren, bis sie erkannten, dass die einzige wichtige Autorität ihre Seele ist.

Die Werbeindustrie benutzt die Bedürftigkeit der Menschen, um ihnen Glück, Freiheit, Liebe und Freude zu versprechen. So zum Beispiel bei Zigaretten-Werbung, die vorrangig das Bedürfnis nach Freiheit und Selbstbewusstsein im Menschen anspricht. Energiedrinks dagegen versprechen Kraft und ‚verleihen Flügel‘, Bier appelliert an die Männlichkeit im Mann und Süßigkeiten schenken, laut Werbeaussagen, Liebe und Aufmerksamkeit.

Ein Mensch sucht unbewusst immer nach Menschen oder materiellen Gütern, die seine fehlenden Eigenschaften kompensieren und ausgleichen, bis er sich bewusst wird, dass er das wahre Glück nur in sich selbst finden kann und er sich auf die Reise macht, seine Seele und alle ihre Anteile, die ihm verloren gegangen sind, zurückzuerobern.

Als der Mensch den Zugang zu seiner eigenen Göttlichkeit verlor, konstruierte er sich einen Gott, der alle seine Bedürfnisse erfüllte. Das zeigt sich auch an dem wandelnden Gottesbild. Während Gott im Alten Testament noch als ein strafender Gott gesehen wurde, dem man unbedingten Gehorsam schuldete, wandelte sich im Neuen Testament das Gottesbild in einen liebenden Gott, der seine Geschöpfe bedingungslos liebte. Dieser Gott wohnte getrennt von den Menschen im Himmel.

In unserer heutigen Zeit wird Gott für uns auch in der Natur und in jedem Geschöpf sichtbar. Es reicht vielen Menschen nicht mehr, an einen unsichtbaren und unerreichbaren Gott zu glauben, sondern sie möchten ihn erfahren. Unser Bruder Jeshua[2] versuchte uns schon vor über 2000 Jahren mitzuteilen, dass das Himmelreich nicht getrennt von uns, sondern in und bei uns zu finden ist. Doch ein Großteil der Menschen begreift erst jetzt, was damit gemeint ist. Jeshua wusste, wovon er sprach, denn er war eins mit der Schöpfung und Gott. Leider hat nicht er die Bibel geschrieben, sondern unterschiedliche Menschen Jahrzehnte vor und nach seinem Tod.

Alle Religionen wurden von Menschen aus einem Bewusstsein des Mangels, der Angst und der Trennung aus dem jeweiligen Zeitgeist und Zeitgeschehen heraus interpretiert. Die Angst und der Schrecken, den die unterschiedlichen Vertreter der Religionen teilweise immer noch verbreiten, führen in vielen Fällen zu weiteren Seelenverlusten und einer noch tieferen Kluft zwischen Mensch und Gott.

Ein seelenvoller Körper ist gesund, stark und voller Energie. Er hat die Fähigkeit, sich selbst zu heilen und glücklich zu sein. Er erschafft sein Leben aus der Fülle und nicht aus der Bedürftigkeit. Wenn du in dir vollständig bist und alle deine Seelenanteile wieder bei dir zu Hause sind, wirst du das Leben manifestieren, das deine Seele auf Dauer glücklich und zufrieden macht.

2   Jesus Christus

Wenn du deine Seelenqualitäten lebst, profitieren alle davon: Du, die Erde und deine Mitmenschen. Denn durch deine Seele bist du an die universelle Lebenskraft und göttliche Energie angebunden, die alles steuert. Diese Energie versorgt dich mit Lebenskraft, Freude und Liebe. Sie führt dich und macht dich zum kreativen Mitschöpfer.

Wie wäre eine Welt, in der alle Menschen in sich vollständig und glücklich wären? Gäbe es dann noch Neid, Gier, Machtkämpfe oder Ausbeutung? Würde es dann noch Kriege geben?

Dieses Buch zeigt einen Weg auf, durch die du zu größerer Ganzheit finden kannst. Es ist ein Weg, den ich selbst vor vielen Jahren gegangen bin und den ich immer noch gehe. Damals war meine Seele durch eine zerrüttete Ehe, die darauffolgende Trennung von meinem Mann und vielen seelischen Verletzungen zerbrochen und so ich ging auf die Suche, die einzelnen Teile meiner Seele wiederzufinden. Wie ein Detektiv machte ich mich auf die Reise zu mir selbst. Ich wollte ergründen, warum meine Ehe zerbrochen war und was ich dazu beigetragen hatte. Ich erkannte, dass letztendlich meine eigene Bedürftigkeit dafür verantwortlich war. Ich erkannte auch, dass ich meinen damaligen Mann nicht für das, was er war, geliebt hatte, sondern für das, was er in mir vollständig machen sollte.

Ich erkannte, dass kein Mensch diese Aufgabe je erfüllen könnte und ich realisierte, dass ich meine Vollständigkeit, meine Ganzheit und das, was mir innerlich fehlte, in mir finden musste. All die Anstrengung, die ich bis zu diesem Zeitpunkt dafür aufgewendet hatte, von anderen Menschen zu bekommen, was ich innerlich suchte, nutzte ich jetzt dafür, die Seelenanteile, die ich verloren hatte, zurückzuholen. Es war eine wunderschöne, spannende

Schatzsuche, die vielen Anteile und Facetten meiner Seele wiederzufinden und in mein Leben und meinen Körper zu integrieren. Immer noch entdecke ich neue seelische Anteile in mir. Die schamanische Methode der Seelenrückholung ist mir auf dem Weg zu meiner Vollständigkeit eine große Hilfe. Und auch den vielen anderen Menschen, die mein Mann Ralf und ich in den schamanischen Ausbildungen oder Einzelsitzungen in all den Jahren begleiten durften.

Auf den nachfolgenden Seiten möchte ich dir von unseren Erfahrungen mit Seelenverlust und Seelenrückholung berichten, die wir während unserer eigenen schamanischen Reisen und durch die Begleitung anderer Menschen in den schamanischen Ausbildungen oder Einzelsitzungen machen durften. Ich danke allen, die mit ihrer Erfahrung dieses Buch bereichert haben.

Um den größtmöglichen Nutzen aus diesem Buch zu bekommen, empfehle ich dir, beim Lesen immer wieder Pausen einzulegen, um dem Gelesenen nachzuspüren, vor allem dann, wenn du fühlst, dass du innerlich darauf reagierst. Lege dir vielleicht ein Notizbuch bereit und notiere die Erkenntnisse, die du beim Lesen der Fallbeispiele hast. Es ist möglich, dass durch das Lesen Anteile deiner Seele angesprochen werden und dadurch auch der Boden bereitet wird, damit Seelenanteile zu dir zurückkommen können. Nach jedem Fallbeispiel im ersten Teil des Buches stelle ich dir Fragen, damit du die Gelegenheit hast, Erkenntnisse über dich und deine Seele zu bekommen.

Im dritten Teil des Buches stelle ich dir Möglichkeiten vor, mit deren Hilfe du Seelenanteile ohne fremde Hilfe und ohne eine schamanische Reise beherrschen zu müssen, zu dir zurückholen kannst. Außerdem gehe ich näher auf die Chakra-Bewusstseins-Öle und deren Anwendung ein, da schon viele meiner Leser diese Öle besitzen. Es kann dennoch sein, dass nicht alle Seelenanteile durch die Meditationen und durch die Seelenrückholungszeremonie, die ich in diesem Buch vorstelle, zurückkommen.

In dem Fall ist es am besten, auf eine schamanische Reise zu gehen, um deine Seelenanteile zu finden und zurückzubringen. Wie eine schamanische Reise funktioniert, beschreibe ich in meinem Buch ‚Schamanismus der Seele‘[3]. Allerdings solltest du schamanische Reisen, um Seelenanteile zurückzuholen, erst dann praktizieren, wenn du dich sicher in der Anderswelt bewegen kannst und eine stabile Beziehung zu deinen geistigen Begleitern hast. Das liegt daran, dass die schamanische Seelenrückholung in Grenzbereiche führen kann, die nur fachkundig und stabil bereist werden sollten.

In unseren schamanischen Ausbildungen setzen wir uns intensiv damit auseinander. Es ist auch möglich, dass du dich von einem erfahrenen Therapeuten in einer Seelenrückholung begleiten lässt. In dem Fall musst du das schamanische Reisen nicht beherrschen und brauchst auch keine Vorerfahrungen. Auch bei dieser Form der Seelenrückholung bilde ich Therapeuten aus und begleite dich gerne persönlich darin[4]. Über die verschiedenen Möglichkeiten und über meine Erfahrungen damit werde ich im Laufe dieses Buches berichten.

---

3   Bianka Denise Albrecht: Schamanismus der Seele, Hamburg 2013, Tredition Verlag

4   Informationen zu diesen und anderen Ausbildungen, sowie zu Einzelsitzungen und Seminaren, findest du im Anhang.

Meine schamanische Seelenrückholung

Meine erste schamanische Seelenrückholung erlebte ich mit einer Schamanin. Nachdem diese getrommelt und ihr Kraftlied gesungen hatte, legte sie sich neben mir auf das Fell auf den Boden. Sie berührte meinen Arm und ging für mich auf eine schamanische Reise, um Seelenanteile, die verloren gegangen waren, zu mir zurückzuholen. Nach einigen Minuten stand sie auf und pustete meine Seelenanteile in meinen Scheitel ein. Sie erzählte mir von den Seelenanteilen, die sie zurückgeholt hatte. Ich war erstaunt darüber, hatte jedoch keinerlei Bezug dazu. Die Tage nach der Seelenrückholung hatte ich wirre Gefühle, die ich nicht zuordnen konnte und innere Bilder, die jedoch ohne jeden Bezug waren und mit denen ich nichts anfangen konnte.

Meine zweite Seelenrückholung verlief ähnlich. Ich bekam mehrere Seelenanteile eingeblasen, ohne dass ich eine persönliche Erfahrung mit diesen Anteilen hatte. Als ich nachts mit geschlossenen Augen im Bett lag, konnte ich fühlen, wie Energien sich in mir bewegten und ich hatte bedrohliche Bilder, die mir Angst machten und mit denen ich nichts anfangen konnte. Ich versuchte damals, diese Bilder wieder zu verdrängen. Durch mein heutiges Wissen weiß ich, dass die bedrohlichen Bilder zu den Ängsten und Erfahrungen meiner zurückgeholten Seelenanteile gehörten, doch da ich keine Beziehung dazu hatte, verdrängte ich meine Seelenanteile wieder und es konnte keine Heilung geschehen.

Ganz anders war meine erste schamanische Seelenrückholung, in der ich persönlich in die Anderswelt reiste, um Seelenanteile zurückzuholen. Ich begann meine Reise von meinem Kraftplatz aus, einem wunderschönen Waldstück mit einem kleinen Bach.

Dieser Platz war friedlich und voller Harmonie. Ich fühlte mich vollkommen, im Einklang und in der Verbundenheit mit allem. Das kristallklare Wasser des kleinen Baches plätscherte und die Sonne blinzelte durch die grünen Blätter hindurch, während ich am Rande des Baches auf weichem Moos saß und den Frieden und die Klarheit dieses Ortes in mich aufnahm. Eine Wölfin tauchte hinter einem Baum auf und ein Adler ließ sich auf einem nahe gelegenen Ast nieder. Es kam mir so vor, als seien es alte Bekannte. Beide waren mir behilflich, meinen Seelenanteil in der Anderswelt zu finden. Sie gingen voraus und ich folgte ihnen. Sie führten mich durch den Wald hindurch auf ein großes Feld und dann weiter einen Berg hinauf. Mein Adler schwebte währenddessen immer über mir. Manchmal schien es, als würde mein Bewusstsein zu dem Adler wandern und als würde ich mit seinen Augen sehen können. Dann wieder fühlte ich die Kraft und Ausdauer der Wölfin in mir.

Als wir auf dem Berg waren, konnte ich einen See in der Ferne sehen. Als wir am See ankamen, setzte mein Adler sich auf einen Ast und die Wölfin legte sich neben mich. Ich suchte nach meinem Seelenanteil, doch ich konnte ihn nicht finden. Daher fragte ich den Adler danach. In dem Moment fand eine Bewusstseinsverschiebung statt und ich konnte durch die Augen des Adlers auf den Grund des Sees sehen. Dort lag ein Seelenanteil von mir. Ich erschrak. Mein Wolf bemerkte das, sprang auf und gesellte sich zu mir. Seine ruhige Kraft gaben mir ein Gefühl der Sicherheit. Ich sprang in das Wasser und tauchte in den tiefen See hinab. Plötzlich spürte ich eine große Angst. Ich erinnerte mich, wie ich als kleines Kind fast ertrunken war und ich nahm die Gefühle wahr, die ich in dem Moment abgespalten und nicht gefühlt hatte. Ich tauchte immer tiefer und konnte ein kleines Mädchen erkennen, das wie tot am Meeresboden lag. Ich packte es unter der Schulter und schwamm mit ihm an die Oberfläche. Behutsam legte ich es ans Ufer des Sees.

Leblos lag es da, ganz blau und grün und abgemagert. Mein Wolf kam sofort und legte sich zu dem kleinen Mädchen und gab ihm das Gefühl von Geborgenheit. Ich wusste, dass auch ich meinem Seelenanteil jetzt viel Liebe geben musste. Er lag in der Sonne und die Sonnenstrahlen trockneten und wärmten seine Haut. Ich streichelte diese kleine Seele und sagte ihr, dass jetzt alles gut und sie in Sicherheit sei. Mit der Zeit wurde ihr Körper rosiger und sie öffnete die Augen. Ich schaute in wunderschöne, große, tiefblaue Augen. Diese Augen schauten mich fragend an, als wollten sie sagen: „Wo bin ich?"

„Du bist hier bei mir, wo du hingehörst, mein liebes kleines Mädchen". Mein Herz pochte und ich konnte die Liebe für dieses kleine Mädchen fühlen, als wäre es mein eigenes Kind. „Hab ich etwas falsch gemacht?", wollte die Kleine wissen. „Nein, du hast nichts falsch gemacht, mein liebstes Kind ", flüsterte ich ihr zärtlich ins Ohr, während ich ihre Wangen küsste. Mein Wolf kam auch dazu, schnupperte an ihr und leckte ihr Gesicht.

Meine Kleine begann zu lachen. Plötzlich konnte sie auch wieder aufstehen und ich konnte die Kraft dieses kleinen Mädchens spüren. Sie war ein sehr mutiges Kind. Damals hatte sie keine Angst vor dem tiefen Wasser gehabt, obwohl sie nicht schwimmen konnte. Auch vor der Wölfin hatte sie keine Angst. Sie schaute dieser tief in die Augen und ich konnte die Abenteuerlust in ihren Augen sehen. Sie kletterte auf die Wölfin und begann mit ihr herumzutollen. Sie zog an ihren Ohren und meine Wölfin ließ alles geduldig mit sich machen. Einen kleinen Moment lang sah es aus, als verwandelte sich mein kleines Mädchen in einen kleinen Wolf und ich konnte wahrnehmen, wie 'Mamawol' und ‚Babywolf' miteinander schmusten und sich am Ufer herumbalgten. Mein kleines Mädchen wuchs vor meinen Augen und wurde immer kräftiger und strahlender. Ich

fragte sie, ob sie mit mir leben wolle. Kaum hatte ich die Frage aus-
gesprochen, war sie auch schon in meinen Körper gehüpft. Ich
konnte ihre Energie und ihre Kraft spüren und wahrnehmen, wie sie
sich in meinem gesamten Bauchraum ausbreitete. Ich legte meine
Hände auf meinen Bauch und sprach mit dem Mädchen. „Das war
aber schnell. Ich konnte dich gar nicht fragen, was du von mir
brauchst, damit du glücklich bist." „Mach einfach das, wozu du
Lust hast. Hab keine Angst. Wer nicht wagt, der nicht gewinnt. Was
hast du schon zu verlieren?"

Wie recht sie hatte. So viel konnte ich noch lernen von meiner
Seele. Wie stolz war ich in dem Moment auf mein kleines Mädchen, das so voller Würde, Kraft und Weisheit zu mir sprach.

Diese Seelenrückholung machte ich zu einem Zeitpunkt, als ich
dabei war, meine sichere Arbeitsstelle und meinen Mietvertrag zu
kündigen, um mich auf neue Wege zu begeben. Ich habe diesen
Schritt nie bereut und würde jetzt nicht hier sitzen und dieses Buch
schreiben, wenn ich damals diesen Schritt nicht gewagt hätte. Dieses mutige, kleine Mädchen kam also für mich zu einem absolut
stimmigen Zeitpunkt. Es war eine einmalig schöne Erfahrung, die
ich immer im Herzen behalten werde. Das kleine Mädchen hat mir
mit ihrem Mut, ihrer Unerschrockenheit und ihrer Abenteuerlust
sehr dabei geholfen, mich aus meinem alten Umfeld zu lösen und
mich mit meiner spirituellen Arbeit selbstständig zu machen.

Es war für mich eine absolut beglückende Erfahrung, das Gefühl
zu haben, dass ich und nicht ein anderer diesen Kindheitsanteil
gerettet hatte. Ich war es gewesen, die den Mut aufgebracht hatte, in
das tiefe Wasser zu tauchen, um nach ihr zu suchen. Um meinen
Seelenanteil zu befreien, der die Kraft des Mutes in sich hatte,
musste auch ich Mut aufbringen.

In den Tagen nach meiner Seelenrückholung wurde mir einiges klar und ich durchlebte tiefe Gefühle der Trennung und des Alleingelassenwerdens. Ich erinnerte mich, dass diese Gefühle auch in meiner früheren Partnerschaft immer wieder aufgetaucht waren und das auch ein Grund gewesen war, weshalb ich mich noch lange Zeit nach unserer Trennung an meinen Ex-Mann geklammert hatte. So lange ich mich zurück erinnern konnte, hatte ich immer Angst gehabt, allein gelassen zu werden, wie damals, als ich im See fast ertrunken wäre. Damals hatte sich ein Teil meiner Seele abgespalten, um diesen Schmerz und die Todesangst, die sie in dem Augenblick fühlte, nicht spüren zu müssen. All diese Schmerzen durchlebte ich nach der Seelenrückholung noch einmal. Sie wurden wieder ins Bewusstseins integriert und konnten dadurch auch losgelassen werden. Ich konnte zuordnen, woher diese Gefühle kamen und sie verstehen.

Bei der Seelenrückholung, die eine andere Person für mich machte, war das nicht der Fall. Ich hatte keinen Bezug zu meinen Seelenanteilen und kann ehrlich gesagt auch nicht sagen, ob die Seelenanteile mich nicht wieder verließen, da ich nicht wusste, was diese von mir brauchten, um sich wohl und glücklich zu fühlen. Außerdem war ich zutiefst verunsichert, da die Gefühle, die ich danach erlebte, auf mich bedrohlich wirkten. Heute weiß ich, dass Seelenanteile geheilt werden müssen, bevor sie integriert werden dürfen. Sonst besteht die Gefahr, dass die Person mit den nicht erlösten Emotionen nicht umgehen kann, wenn sie keine persönliche Beziehung zu dem Seelenanteil hat. Wenn wir einen Seelenanteil zurückholen, gehen wir auch immer eine Verpflichtung ein und müssen Bedürfnisse erfüllen, die dieser Seelenanteil hat. Wenn wir diesen Bedürfnissen nicht nachkommen, ist es möglich, dass uns der Seelenanteil wieder verlässt.

Nach diesen Erfahrungen habe ich mich dazu entschlossen, dass ich Seelenrückholung nicht für einen anderen Menschen machen, sondern den Menschen entweder das schamanische Reisen lehren oder sie in ihrer eigenen Seelenrückholung unterstützen werde. Wenn wir Seelenanteile zu uns zurückholen, geht es in erster Linie darum, wieder Verantwortung für uns selbst zu übernehmen und aktiv am Heilungsgeschehen beteiligt zu sein. Ich sehe mich daher als Seelenbegleiterin.

Vor jeder Sitzung stelle ich einen lichtvoll-geschützten energetischen Raum her. In diesem ‚Seelenraum' können viele bewusstseinsverändernde Heilungsimpulse fließen und die geistigen Helfer, Lehrer, Krafttiere, Seelenführer und Engel können die betroffene Person leichter erreichen. Inzwischen habe ich Hunderte von Seelenrückholungen begleitet. Es ist einer der schönsten und beglückendsten Erfahrungen.

Vor einigen Monaten machte ich eine Seelenrückholung mit einer Frau, welche vor und auch noch während ihrer Seelenrückholung skeptisch war. Ein paar Tage später schrieb sie mir folgenden Brief:

„Liebe Bianka,
ich wollte Dir nochmal schreiben zu meiner Seelenrückholung.
Ich möchte Dir für Deine Hilfe und Deine Geduld danken. Ich muss zugeben, dass ich etwas skeptisch war, weil ich mir nicht zugetraut habe, dass das funktioniert, wenn ich reise und nicht jemand für mich. Außerdem hatte ich Erwartungen, was passieren müsste während der Reise. Jetzt ist mir klar geworden, dass diese Erwartungen fast verhindert hätten, dass ich sehe, was da ist. Denn es war alles gleich da, ich wollte es nur nicht sehen bzw. habe etwas anderes erwartet.

Aber dank Deiner Führung und dank Deiner Fragen hat alles wunderbar geklappt. Denn wenn ich das goldene Kind, das in der goldenen ‚Blase' war, etwas gefragt habe, dann hat es sofort reagiert und ich habe sofort eine Antwort erhalten. Als ich gefragt habe, ob es zu mir kommen will, hat es genickt und ist sofort auf meinen Schoß gekommen und als ich gefragt habe, was es möchte, da hat es mich sofort umarmt und mir gezeigt, dass es das ist, was es will. Wir, also meine Schwestern und ich, haben als Kinder keinen Körperkontakt bekommen. Das war es was mir als Kind gefehlt hat. Positiver Körperkontakt wie umarmen.
Es war eines der schönsten Erlebnisse in meinem Leben. Vor allem auch, weil ich es selbst erlebt habe und es mir nicht jemand nur erzählt hat. Deine Führung war wunderbar, Deine Fragen waren wunderbar, denn die wären mir ohne Dich nicht eingefallen. Ich habe viel gelernt in Bezug auf schamanisches Reisen. Ich weiß jetzt, dass ich meine Erwartungen weglassen muss und einfach schaue, was da ist und Fragen stelle. Vielen lieben Dank!"

Eine weitere Klientin, die Zweifel daran hatte, ob eine Seelenrückholung bei ihr funktionieren würde, schrieb mir:

„Erst als ich eine Nacht darüber geschlafen habe, ist mir bewusst geworden wie viel !!! in dieser Sitzung eigentlich passiert ist ohne mein Zutun oder Mitwirken. Während dieser Sitzung ist so viel geschehen: Dinge und Begebenheiten die mich völlig überrascht haben und die von ganz allein kamen und sich entwickelten. Heute habe ich keine Zweifel mehr an dem Sitzungsinhalt !!!
Nochmals vielen Dank für Deine liebevolle und mutmachende Begleitung ! Du hast immer genau an den Stellen als ich unsicher wurde oder nicht weiter wusste aufmunternde Impulse und Unterstützung gegeben. So war es für mich möglich schamanisch zu reisen."

Seelenverlust als Therapieblockade

Wenn sich lichtvolle Anteile auf Grund einer traumatischen Erfahrung abspalten, kann das die unterschiedlichsten Auswirkungen für die betreffende Person haben. Zum einen kann es sein, dass die Erinnerungen über das ursächliche oder traumatische Ereignis vollkommen verloren gehen. Es kann aber auch sein, dass die Erinnerung daran bleibt, jedoch die Gefühle, die mit dem ursächlichen Ereignis zusammenhängen, abgespalten werden. Auf diese Weise kann es vorkommen, dass Menschen Erfahrungen nicht vollständig aufarbeiten können, wie dies zum Beispiel bei einer meiner Klientinnen der Fall war. Sie kam wegen einer Einzelsitzung zu mir, weil sie sich immens über die Kinder in ihrer Nachbarschaft ärgerte, die vor ihrem Haus Fußball spielten und regelmäßig den Ball in ihren Vorgarten warfen.

Während der Seelenrückholung wurde sie zu einem kindlichen Seelenanteil geführt, der sich in einer Höhle versteckt hatte. Dieser Seelenanteil war auf Grund einer traumatischen Erfahrung in ihrer Kindheit geflüchtet. Ihre Großeltern waren Juden gewesen und in der Reichspogromnacht[5] kamen Schulkinder zum Haus ihrer Großeltern, warfen die Scheiben ein und beschimpften diese. Sie hatte damals als Kind sehr viel Angst gehabt und sich unter dem Tisch versteckt.

Als diese Seelenerinnerung in der Sitzung auftauchte, begann die Frau zu weinen und zu schluchzen. Ihr gesamter Körper bebte und der ganze Schmerz durfte an die Oberfläche und ins Fließen kommen. Dieses Ereignis hatte meine Klientin schon ihr ganzes Leben lang beschäftigt. Sie erzählte mir, dass sie diese traumatische

---

5   Auch bekannt unter dem Namen "Reichskristallnacht"

Erfahrung aus ihrer Kindheit schon bei verschiedenen Therapeuten aufzuarbeiten versucht hatte, jedoch ohne Erfolg. Obwohl sie sich zeitlebens an jede Einzelheit dieses Ereignisses erinnern konnte, hatte sie keinerlei Gefühle dabei gehabt.

Zum ersten Mal konnte sie darüber trauern und dieses Kindheitserlebnis aufarbeiten. Das war ihr vor der Seelenrückholung jedoch nicht möglich gewesen, da der fühlende Anteil ihrer Seele nicht in ihrem Körper anwesend gewesen war. Sie war überglücklich, endlich ihrer Trauer Ausdruck verleihen und darüber weinen zu können. Hinterher fühlte sie sich ausgeglichener und erleichtert.

Interessant war dabei die Parallele zu den Kindern, die ihren Ball in den Garten meiner Klientin warfen. Sie fühlte sich deswegen so wütend, weil sie sich dabei unbewusst an die Zeit erinnerte, als die Schulkinder im Haus ihrer Großeltern ihre Fenster einschmissen. Mit jedem Ball, der in ihren Garten flog, wurde die ursprüngliche Angst von Neuem aktiviert. Da sie die Angst von damals nicht fühlen konnte, wurde sie durch Wut und Zorn kompensiert.

Durch diese Erfahrung mit den Schulkindern konnte ihre Seele heilen. Als sie das nächste Mal zu mir kam, fragte ich sie, ob die Kinder weiterhin den Ball in ihren Garten warfen. Mich interessierte, ob sich ihre Gefühle diesbezüglich geändert hatten, doch sie erzählte mir, dass die Kinder gar nicht mehr vor ihrem Haus Fußball spielten. Das Thema hatte sich also nach der Seelenrückholung komplett erledigt.

Was dieses Beispiel deutlich zeigt, ist, dass viele seelische Verletzungen erst dann aufgearbeitet werden können, wenn die Anteile der Seele, die sich abgespalten haben oder geflüchtet sind, wieder zurückgeholt und in den Körper integriert werden.

Seelenverlust in der Kindheit

Seelenverluste entstehen häufig in der Kindheit, da Kinder viele ihrer Erfahrungen nicht einordnen können. Daher können es auch ganz banale Ursachen für Seelenverlust sein.

In meinem Buch ‚Schamanismus der Seele' beschreibe ich die Seelenrückholung eines Kindheitsanteils von mir, der von mir ging, als ich zwei Jahre alt war. Meine Mutter war damals regelmäßig mit mir und meinem frischgeborenen kleinen Bruder im Park spazieren gewesen. Die Wege im Park waren voller kleiner Kieselsteine und ich liebte es, mich mitten auf den Weg zu setzen, um mit ihnen zu spielen. Als mein kleiner Bruder noch nicht geboren war, konnte meine Mutter sich darauf einlassen und geduldig daneben stehen, während ich mit den Steinen spielte. Nachdem mein Bruder geboren war, war das nicht mehr so einfach. Er weinte viel und meine Mutter musste den Wagen in Bewegung halten, damit er sich beruhigen konnte.

An einem Tag hatte sie deswegen keine Geduld mit mir. Ich war ganz in mein Spiel eingetaucht, als sie mich ziemlich abrupt aufforderte, weiterzugehen. Das bewirkte in meiner kleinen Seele einen Schmerz und spaltete einen unschuldigen Kindheitsaspekt ab, der Freude an dem Spiel mit den Steinen empfand.

Mein Seelenanteil blieb dort auf dem Weg sitzen und spielte weiter mit den Steinen, während ich mit meiner Mutter und meinem Bruder weiterging und danach niemals mehr mit den Kieselsteinen spielte. Somit ging mir ein Teil meiner ursprünglichen, spielerischen Freude verloren, welche ich im Erwachsenenalter wieder zurückholen konnte.

Seelenverluste in der Kindheit können selbstverständlich auch durch traumatische Ereignisse wie Unfälle, Misshandlungen, Schläge, Mobbing, Umzüge oder häusliche Gewalt ausgelöst werden. Sehr häufig sind es aber auch undramatische oder ganz alltägliche Ereignisse, wie an meinem Beispiel ersichtlich wird. Seelenverlust kann zum Beispiel passieren, wenn ein Elternteil etwas verbietet, das dem Kind Schaden zufügen könnte. Im Erwachsenenalter, wenn man selbst Kinder hat, kann man diese Dinge häufig besser verstehen, einordnen und sich damit aussöhnen.

Unehrlichkeit ist meiner Erfahrung nach auch eine häufige Ursache für Seelenverlust. Kinder sind noch mehr mit ihrer Seele verbunden als Erwachsene. Wenn Kinder eine Ungerechtigkeit oder ein Problem in der Familie wahrnehmen und ihre Eltern darauf ansprechen, diese aber so tun, als gäbe es kein Problem, kann es sein, dass das Kind mit der Zeit seiner eigenen Wahrnehmung nicht mehr vertraut und immer weniger auf seine Seele hört. Es versucht, den Erwachsenen zu gefallen und ihr Glaubenssystem anzunehmen. Das sichert sein Überleben in dieser Umgebung.

Daher ist es wichtig, ehrlich mit den Kindern zu sein, anstatt Probleme unter den Teppich zu kehren. Kinder können aus Problemen und dem Umgang damit viel lernen. Man kann dem Sohn oder der Tochter kindgerecht erklären, wie es zu dem Problem kommen konnte, und wie man damit umgehen kann.

Wichtig ist auch, dem Kind zu vermitteln, dass es nicht dessen Aufgabe ist, das Problem zu lösen. Viele Kinder nehmen Probleme unterschwellig wahr und versuchen sie zu lösen, indem sie Rollen übernehmen, denen sie nicht gerecht werden können. Auch damit können sie einen Teil ihrer Seele verlieren. In vielen Fällen geben sich Kinder sogar selber die Schuld für Probleme in der Familie.

Wenn man offen damit umgeht, kann man dem Kind erklären, dass es nicht an seinem Verhalten liegt, sondern mit einem Problem der Eltern zusammenhängt. Auf diese Weise lernt das Kind etwas über den Umgang mit Problemen und erfährt auch, dass es nicht verantwortlich dafür ist. Kinder, die sehr früh Verantwortung für die Familie übernehmen, leiden auch häufig unter Seelenverlust. Verantwortung zu lernen, ist wichtig für Kinder, doch wenn ein Kind Verantwortung für seine Eltern oder Geschwister übernimmt, kann das problematisch für es werden, da es dann nur noch die Bedürfnisse der anderen, und nicht mehr seine eigenen, wahrnimmt.

- *Hast du als kleines Kind zu viel Verantwortung übernommen?*
- *Wurde dir vermittelt immer lieb sein zu müssen und keinen Lärm machen zu dürfen?*
- *Musstest du deine Gefühle unterdrücken und der Tante einen Kuss geben, auch wenn du es nicht wolltest?*
- *Hast du dich als Kind nicht ernst genommen gefühlt?*
- *Haben die Erwachsenen öfters über dich gelacht?*

Wenn du diese Fragen mit „Ja" beantwortet hast, könnte das der Grund dafür sein, dass du heute immer noch nicht auf dich selbst und deine Bedürfnisse hörst.

Seelenverlust durch Stress & Burnout

Als Martina zu mir kam, war sie schon mehrere Monate von ihrer Arbeit krank geschrieben. Sie erzählte mir, dass sie Abteilungsleiterin einer Firma sei. Seit einigen Monaten litt sie unter Burnout. Sie hatte große Probleme sich zu entspannen oder zu schlafen und bekam regelmäßig Panikattacken. Mit Tränen in den Augen berichtete sie mir, wie schuldig sie sich fühlte, dass sie nicht mehr zur Arbeit gehen konnte. Alles hatte sie für ihre Abteilung gegeben, doch sie erntete nur Undank. Einige ihrer Kollegen sprachen hinter ihrem Rücken und hetzten gegen sie.

Martina konnte sich selbst nicht mehr fühlen und war mit allem überfordert. Daher machte ich in der ersten Sitzung keine schamanische Reise mit ihr. Ich arbeitete stattdessen mit Klanginstrumenten, den Chakra-Bewusstseins-Ölen[6] und Heilenergie, um eine innere Balance und Entspannung herbeizuführen.

Sie konnte sich herrlich gut auf meiner Liege entspannen und genoss unsere Sitzungen sehr. Ich konnte fühlen, wie ihre Seele langsam auftankte und in Harmonie kam. In der zweiten Sitzung führte ich sie auf ihren inneren Kraftplatz und unterstützte sie dabei, in Verbindung mit ihrem Krafttier und ihren geistigen Führern zu kommen. Sie genoss das sehr und wurde immer kraftvoller.

Als sie das dritte Mal zu mir kam, erzählte sie mir, dass ihre Angstattacken ganz aufgehört hatten. Sie erzählte mir, dass sie jedes Mal, wenn sie wieder eine Angstattacke hatte, die Augen schloss und sich vorstellte, auf meiner Liege zu liegen und auf ihren Kraftplatz zu reisen. Das beruhigte sie sofort, nahm ihr den Stress und

---

6   Hochschwingende ätherische Ölmischungen: Bezugsquelle im Anhang

die Panikattacken hörten auf. In weiteren Sitzungen holten wir gezielt weitere Seelenanteile zu ihr zurück und so fühlte sie sich zunehmend kraftvoller.

> - *Kannst du dich entspannen oder musst du dich immer mit irgendetwas beschäftigen?*
> - *Brauchst du immer einen Reiz oder kannst du auch einfach deine Seele baumeln lassen?*
> - *Kannst du es genießen, barfuß durch das feuchte Gras zu gehen, deinen Körper zu massieren oder dein Essen in aller Ruhe zu schmecken?*

Seelenverlust aus Ablehnung des Lebens

Michaela war eine junge Frau, die sehr natürlich und naturverbunden lebte. Sie war etwas flatterhaft und konnte sich schlecht konzentrieren. Beim Reden hatte sie Schwierigkeiten, den Fokus zu halten und war auch sonst in ihren Handlungen eher unstrukturiert. Auch ihr Leben verlief eher chaotisch. Sie litt darunter, hatte aber auch nicht die Kraft, den Fokus und die Disziplin, mehr Struktur in ihr Leben zu bringen.

Bei der Seelenrückholung fanden wir einen Seelenanteil, der in einer Höhle im Himalaya meditierte und nicht zurückkommen wollte. Auch Michaela wollte nicht wieder in ihr jetziges Leben zurück. Sie empfand ihr Leben als nicht lebenswert. Ihre Wohnung, ihre Arbeit und die Stadt, in der sie lebte, stressten sie. Sie wollte viel lieber bei ihrem Seelenanteil in der Höhle bleiben, fernab von all dem Stress. Michaela weinte bitterlich, als ich ihr sagte, dass das nicht möglich sei.

Ich erklärte ihr, dass ihre Seele aus einem bestimmten Grund auf diese Erde in ihren Körper gekommen war und dass sie eine Aufgabe zu erfüllen hatte. Ihr Seelenanteil war erst dann bereit, zu ihr zurückzukehren, als Michaela das verstand. Solange sie dieses Leben nicht vollständig bejahen konnte, solange wollte der Seelenanteil auch nicht auf dieser Erde sein. Sie erkannte auch, dass sie einiges in ihrem Leben ändern musste, damit sie sich wohl fühlen konnte.

Nach langen Gesprächen und Verhandlungen war sie schließlich bereit, ihren Seelenanteil aus der Höhle zurückzuholen. Sie entschied sich dafür, sich nach einer Wohnung auf dem Land und nach einer anderen Arbeit umzusehen, die ihr Freude machte.

Als ihr Seelenanteil in ihren Körper eintrat, konnte ich sofort eine geistige Präsenz und hohe spirituelle Kraft in ihr spüren. Ihr gesamtes Energiefeld veränderte sich und strahlte Ruhe und Frieden aus. Michaela war darüber erstaunt, wie präsent sie sich fühlte. Sie hatte dieses Gefühl nicht gekannt und war sich jetzt bewusst, wie wichtig es für sie war, ihr Leben voll und ganz anzunehmen.

Es kommt relativ häufig vor, dass Seelenanteile in lichtvollere Welten flüchten, weil sie das Leben auf dieser Erde nicht ertragen können.

Ähnlich war es bei Eva. Eva war eine sehr zierliche und leichte Person, die regelmäßig vergaß, Nahrung zu sich zu nehmen. Sie liebte das Alleinsein und die Meditation, die sie stundenlang praktizieren konnte. Wir lernten sie auf einem unserer Seminare kennen, auf dem wir eine Reise ins Licht und zur spirituellen Neugeburt machten. In dieser Reise führten wir die Teilnehmer in die lichtvolle Sphäre vor der Inkarnation, um ihr wahres lichtvolles Wesen zu fühlen und von dort neu in den Körper geboren zu werden. Eva fiel es extrem schwer, nach dieser Reise wieder in ihren Körper zurückzukommen. Lange lag sie auf dem Boden und konnte sich nicht richtig bewegen. Mein Mann und ich versuchten ihr zu helfen, wieder ganz auf dieser Erde anzukommen.

Unter Tränen gestand sie uns, dass sie während dieser Reise ganz deutlich gefühlt hatte, wie sie vor ihrer Geburt nicht in dieses Leben und nicht in ihren Körper inkarnieren wollte. Sie wollte viel lieber im Licht bleiben. Sie erzählte mir, wie sie es hasste, Nahrung zu sich zu nehmen und wie Essensgerüche Übelkeit in ihr hervorriefen. Sie hatte schon immer das Gefühl gehabt, nicht zu dieser Welt zu gehören und nicht auf dieser Erde leben zu wollen.

Wenn eine Seele sich für die Erderfahrung entscheidet, ist sie solange an den Zyklus von Geburt und Reinkarnation gebunden, bis sie diesen Zyklus erfolgreich meistert und die Lernerfahrungen gemacht hat, die die Seele machen wollte.

Wenn Anteile der Seele in lichtvollere Welten flüchten und sich nicht in den Körper inkarnieren, kann die Seele ihren Seelenauftrag auf dieser Erde nicht vollständig erfüllen. Damit eine Person ihre Seele voll und ganz leben kann, ist es von elementarer Wichtigkeit, dass sie „Ja" zu ihrem Leben sagt, mit allem was dazu gehört. Das ist auch eine wichtige Grundvoraussetzung, damit Seelenanteile zurückkommen können.

Naturerfahrung und eine schamanisch-naturverbundene Lebensweise können einem Menschen, der sich fremd auf dieser Erde fühlt, helfen, sich wieder als natürlichen Teil der Erde zu empfinden und sich tief mit ihr zu verwurzeln.

Damit die Seele auf dieser Erde ihre Aufgabe erfüllen kann, braucht sie tiefe Wurzeln, um nicht bei dem kleinsten ‚Sturm des Lebens' umzukippen oder davonzufliegen.

Unsere Mutter Erde gibt uns Kraft, das Leben zu leben und die Seele im Körper zu verwurzeln. Die Seele jedoch hat ihren Ursprung im Licht und ist Teil der kosmischen Intelligenz, die alle natürlichen Lebensabläufe steuert. Aus diesem Grund nennen viele Naturvölker die Sonne liebevoll ihren Vater, denn auch sie ist reines Licht und steuert alle Lebensvorgänge auf der Erde.

Du bist ein Kind zwischen Himmel und Erde, eine Lichtseele, die in einem irdischen Körper inkarniert ist.
Deine Seele kommt vom Himmel und dein Körper von der Erde. Deine Aufgabe ist es, das Licht der Sonne in dir auf dieser Erde zur Entfaltung zu bringen.

Das Leben ganz anzunehmen bedeutet auch, sich darüber bewusst zu werden, dass jede Krise und jedes Problem uns helfen kann, Kraft, Stärke und Bewusstheit zu entwickeln.

Das kann jedoch nur geschehen, wenn wir auch unsere Probleme und Krisen als einen Teil von uns annehmen, der geheilt und in die Ganzheit integriert werden möchte.

- *Fühlst du dich fremd und nicht zugehörig auf dieser Erde?*
- *Haderst du mit dem Leben?*
- *Bist du bereit, dein Leben und alles darin anzunehmen?*

Seelenverlust in der Liebe

Christin war eine charismatische und attraktive Geschäftsfrau und strahlte Lebensfreude, Kraft und Humor aus. Sie war erfolgreich in ihrer Arbeit und hatte viele Freunde. Nur ein Partner, mit dem sie ihr Leben teilen konnte, fehlte ihr noch zu ihrem Glück. Es lag nicht daran, dass sie keine Männer kennenlernte, die zu ihr passen würden. Im Gegenteil, sie hatte öfters Einladungen von Männern, die ihr gefielen und die ähnliche Interessen wie sie hatten. Jedoch konnte sie sich nicht auf diese Männer einlassen. Ihre Beziehungen blieben an der Oberfläche und gingen über eine Freundschaft nicht hinaus. Sie fühlte, dass das an ihr und nicht an den Männern lag.

Während einer Seelenrückholung-Einzelsitzung war sie überrascht, dass ein Seelenanteil noch bei ihrem Ex-Partner, von dem sie sich vor Jahren getrennt hatte, befand. Jetzt war ihr auch klar, warum sie immer wieder an diesen Mann denken musste, obwohl sie keinen Kontakt mehr hatten. Es war eine sehr enge und innige Beziehung und die Trennung war sehr abrupt gewesen.

Christin hatte den Verlust lange Zeit nicht verkraftet, hatte jedoch gelernt, diesen zu akzeptieren. Sie stellte mit Erstaunen fest, dass sie es war, die von ihrem damaligen Geliebten noch nicht losgelassen hatte. Auf ihrer schamanischen Reise konnte sie das ganz deutlich wahrnehmen und fühlen, ihre Gefühle der Trauer noch einmal durchleben und schließlich ihren Seelenanteil von ihrem Ex-Partner zu sich zurückholen. Sie fühlte auch, dass sie noch einen Anteil von ihm bei sich hatte und gab diesen wieder zurück.

Einige Wochen später rief sie mich erfreut an und teilte mir mit, dass sie einem Mann begegnet war und dass beide perfekt zusammenpassen würden. Sie erzählte mir auch, dass dieser Mann vor einem Jahr noch nicht frei gewesen war, da auch er seine vergangene Beziehung und anschließende Trennung von seiner Frau bearbeiten musste, bevor er sich für eine neue Beziehung öffnen konnte. Sie war überglücklich, dass sie nicht schon früher eine Beziehung eingegangen war, denn dann wäre sie für ihren jetzigen Partner möglicherweise nicht frei gewesen.

- *Denkst du häufig an deine vergangenen Liebespartner oder sehnst du dich nach ihnen?*
- *Hast du deine Trennung voll und ganz akzeptiert?*
- *Versuchst du deinen Ex-Partner zu belehren oder hast du ihn losgelassen?*

Seelenverlust aus Angst

Silvia wuchs in einem schwierigen Elternhaus auf. Ihre Eltern stritten viel und sie wurde regelmäßig geschlagen. Als Kind versuchte Silvia sich anzupassen und entwickelte eine Strategie, um seelisch überleben zu können. Silvia begann, ihre Eltern und später auch andere Menschen zu beobachten und ihre Intentionen und Gedanken zu erfassen. Somit konnte sie gefährliche Situationen schneller einschätzen und Sicherheitsmaßnahmen ergreifen. Diese bestanden darin, dass ihre Seele aus ihrem Körper flüchtete, bevor jemand sie verletzen konnte.

Immer, wenn sie Aggressivität als Anzeichen von Gefahr wahrnahm, trat sie aus ihrem Körper heraus und fiel in Ohnmacht. Es war ihr jedoch vor ihrer Seelenrückholung nicht klar gewesen, warum sie in Ohnmacht fiel. Ihr Seelenanteil, den wir in der Anderswelt fanden, sagte es ihr und erklärte ihr auch, wie sie sich künftig davor schützen konnte. Silvia war mit ihrer Aufmerksamkeit nie bei sich selbst, sondern immer nur bei anderen Menschen, um deren Gefühle zu spüren. Dadurch konnte sie schnell reagieren, bevor eine Person ihr gegenüber aggressiv werden konnte. Wie sollte sie jedoch ihre eigenen Seelenimpulse wahrnehmen, wenn ihre Aufmerksamkeit immer bei anderen Menschen war?

Sylvia musste lernen, ihre Geistesgegenwart auf ihr eigenes Inneres zu lenken und sich mit ihrer Seele zu verbinden. Das gelang ihr jedoch erst, als wir den Seelenanteil zurückholten, der das VERTRAUEN symbolisierte und der durch die Aggressivität ihrer Eltern geflohen war.

Nachdem dieser Anteil integriert war, konnten auch die UNSCHULD, LEBENSFREUDE, LEICHTIGKEIT, WEIBLICHKEIT, das SELBSTVERTRAUEN und die SELBSTLIEBE zurückkommen. Sie gab jedem ihrer Seelenanteile einen Namen und beschäftigte sich fortan mit ihren eigenen Anteilen anstatt mit anderen Menschen. Das hatte zur Folge, dass sie immer seltener in Ohnmacht fiel. Dieser Weg war ein längerer Prozess, der Silvia immer mehr in Verbindung mit sich selbst und ihrer Seele brachte und sie begann, dem Leben, den Menschen und vor allem sich selbst zu vertrauen.

- *Fühlst du dich in der Gegenwart anderer Menschen gestresst?*
- *Beobachtest du andere Menschen und fragst dich, was sie von dir denken?*
- *Interpretierst du das Verhalten anderer Menschen in Bezug auf dich?*

Seelenverlust durch Co-Abhängigkeit

Carola hatte es nicht leicht. Nach außen hin war sie eine erfolgreiche Geschäftsfrau, sowie Ehefrau und Mutter zweier Kinder. Was sich hinter verschlossenen Türen abspielte, konnten ihre Freunde nur erahnen.

Carolas Ehemann Richard war ein Alkoholiker. Nachdem er vor einigen Jahren seine Arbeit verloren hatte, trank er wieder mehr. Er war voller Wut und Selbstmitleid und gab der Regierung und der Gesellschaft die Schuld dafür, dass er nicht mehr arbeiten konnte. Richard trank regelmäßig. Anfangs nur abends, doch mit der Zeit fing er immer früher an, sodass er stets einen gewissen Alkohollevel im Blut hatte. Dieser machte ihn aggressiv und vermittelte ihm ein Gefühl von Stärke. Er ließ sich immer mehr gehen und machte immer weniger im Haushalt. Wenn Carola nach Hause kam, saß er vor dem Fernseher und die Kinder hatten sich in ihre Zimmer verkrochen. Das war noch der sicherste Ort für sie, denn ihr Vater wurde immer öfter und scheinbar ohne Grund wütend und wenn er wütend wurde, wurde er aggressiv und fing an zu schreien.

Die Lebendigkeit und Freude in der Familie gingen verloren. Das Abendessen verlief stumm und beschränkte sich auf ein paar Floskeln. Jeder in der Familie versuchte sich so zu verhalten, dass Richard friedlich gestimmt blieb und nicht wieder wegen einer Kleinigkeit wütend werden würde. Carola versuchte, das alles vor ihren Eltern, Geschwistern und Freunden zu verbergen. Sie unternahmen nur noch selten etwas mit anderen. Richard war den ganzen Tag zu Hause und wurde dadurch noch unzufriedener. Carola versuchte, mit Richard über seine Alkoholsucht zu reden, doch Richard verleugnete, dass er süchtig war. Seiner Meinung nach waren nur die anderen schuld und er sah seine eigene Verantwortung nicht. Carola versuchte alles, um mit der Situation klarzukommen. Sie stellte ihre seelischen Bedürfnisse an hinterster Stelle und vergaß sie zum Schluss ganz. Alles in ihrer Familie und ihrem Leben drehte sich nur noch um ihren Ehemann und darum, den Frieden zu bewahren. Sie hoffte immer darauf, dass es so sein würde wie früher. Auf keinen Fall wollte sie fremde Hilfe in Anspruch nehmen, denn nach außen hin, sollte ihre Familie perfekt sein.

In dieser Zeit der Co-Abhängigkeit gingen viele Anteile ihrer Seele verloren. Sie spaltete diese ab, um den Schmerz nicht fühlen zu müssen, die diese Beziehung mit sich brachte. LIEBE, SELBSTLIEBE, SELBSTACHTUNG, SELBSTVERTRAUEN, LEBENSFREUDE, VERTRAUEN. All das ging ihr verloren. Carola war zutiefst unglücklich als sie zu mir kam. Mir konnte sie sich als einzigen Menschen anvertrauen.

Nachdem sie mir alles erzählt hatte, fühlte sie, wie eine große Last von ihr fiel. Sie hatte zum ersten Mal ihren Mann weder in Schutz genommen noch verteidigt, sondern für sich und ihre Seele gesprochen. Für sie fühlte sich das gut an. Sie hatte ihrer Seele Wertschätzung und Respekt gezeigt.

Durch die Bereitschaft, ihrer Seele mehr Achtung zu geben, konnten wir viele Anteile in Seelenrückholungen zurückholen. Mit der Zeit wurde Carola immer stärker und hatte dann auch die Kraft, sich von ihrem Mann zu trennen und für sich und die Kinder ein neues Zuhause zu suchen. Nachdem sie diese Hürde geschafft hatte, konnten auch ihre kreativen Seelenanteile und die Lebensfreude zurückkehren. Die Trennung von ihrem Mann gab ihr die Freiheit, die ihre Seele brauchte, um wachsen zu können.

- *Aus welchem Grund gibst du anderen Menschen etwas?*
- *Ist es, weil du gebraucht werden möchtest oder weil du dir Liebe verdienen möchtest?*
- *Hast du das Gefühl, du könntest oder müsstest eine andere Person retten?*
- *Zeigst du dir selbst Wertschätzung und Respekt?*

Seelenverlust durch Unfall und Schock

Sven war ein Mann mittleren Alters. Er kam zu mir, weil er das Gefühl hatte, neben sich zu stehen. Er fühlte sich ständig angespannt und litt unter einem starken inneren Druck. Auch beruflich gelang es ihm nicht, Fuß zu fassen. Die Beziehung zu seinem Vater war ebenfalls gestört. Er wurde wütend, wann immer er seinem Vater gegenüber stand. Seine Kindheit war bis zu einem ganz bestimmten Zeitpunkt glücklich gewesen. Danach änderte sich sein Leben dramatisch.

Er war damals 14 Jahre alt gewesen, als er mit seiner Familie in die Berge zum Skifahren fuhr. Bis zu diesem Zeitpunkt war er ein sehr aufgeweckter junger Mann voller Lebenskraft, Lebensfreude und Enthusiasmus gewesen. An diesem Tag in den Bergen verlor er all das.

Eigentlich wollte er gar nicht Skifahren gehen, aber sein Vater hatte ihn dazu gezwungen. Als er den Abhang herunterfuhr, stürzte er ungeschickt, verletzte sich und wurde ohnmächtig. Tage später wachte er im Krankenhaus wieder auf. Er selbst konnte sich an den Unfall nicht erinnern. Von diesem Tag an machte er nicht nur sich selbst, sondern auch seinem Vater Vorwürfe, weil dieser ihn zum

Skifahren gezwungen hatte. Seine LEBENSKRAFT, das VERTRAUEN, der MUT, die LEICHTIGKEIT und die ERDUNG, sein Gefühl, im Körper gut geerdet und zu Hause zu sein, waren verloren gegangen.

Unfälle sind häufig mit Seelenverlust verbunden. Anteile der Seele erschrecken und verlassen durch die Schockerfahrung häufig fluchtartig den Körper. Auf diese Weise können wichtige Anteile verloren gehen.

Manche Seelenanteile bleiben erstarrt in der traumatischen Erfahrung stecken. Sie blockieren mit ihren unerlösten Gefühlen den Menschen und müssen von diesem Zustand und dem Ort gelöst und befreit werden, bevor eine Heilung und Integration stattfinden und der Lebensfluss wiederhergestellt werden kann.

Das bedeutete für Sven, dass er mit den Umständen des Unfalls und allen beteiligten Personen inklusive sich selbst Frieden schlie-ßen musste, bevor wir seine Seelenanteile zurückholen konnten, die bei seinem Unfall verloren gegangen waren.

- *Erinnerst du dich an deinen Unfall?*
- *Hast du deinen Unfall gut verarbeitet und bist damit ausgesöhnt?*
- *Hattest du nach deinem Unfall Energieverlust?*
- *Fühlst du dich schuldig für deinen Unfall oder gibst du jemand anderem die Schuld?*
- *Kannst du deinen Unfall ganz annehmen?*

Seelenverlust durch sexuellen Missbrauch

Marianne war eine lebensfrohe und attraktive Frau und ich war überrascht, als sie mir erzählte, dass sie zwischen ihrem zweiten und sechsten Lebensjahr von ihrem Vater sexuell missbraucht worden war.

Viele Jahre konnte sie die Erinnerungen daran erfolgreich verdrängen. Als junge Frau machte sie viele sexuelle Erfahrungen, meistens mit älteren oder verheirateten Männern. Sie bot sich ihnen auch sehr schnell an, da sie glaubte, nur so deren Liebe bekommen zu können. Fühlen konnte sie nie etwas, wenn sie sich mit einem Mann vereinigte. Es war, als ob sie gar nicht anwesend war. Anfangs dachte sie noch, das sei normal und es machte ihr nichts aus, bis ein Mann, den sie sehr liebte, sich aus diesem Grund von ihr trennte. Er fühlte sich nicht begehrenswert mit ihr.

Sie begann zu forschen, warum das so war und ging zur Therapie. Dort gelang es ihr, sich an ihren sexuellen Missbrauch zu erinnern. Sie machte Rückführungen in andere Leben und erkannte, dass auch sie ihren Vater in einem anderen Leben Gewalt angetan hatte. Dadurch konnte sie die Energie und die blockierten und eingefrorenen Gefühle von damals wieder befreien und verarbeiten. Auch konnte sie ihrem Vater vergeben und mit ihm Frieden schließen. Doch sie konnte immer noch nichts fühlen, wenn sie sich mit einem Mann vereinigte. Es war für sie weiterhin nur Pflichtprogramm.

Während dieser frühkindlichen Zeit waren viele Seelenanteile aus ihrem Körper geflüchtet, damit das kleine Kind die wiederholten Missbrauchserfahrungen überhaupt überleben konnte. Jedes Mal, wenn ihr Vater zu ihr kam, verließen fast alle ihrer Seelenanteile den Körper. Sie lag teilnahmslos auf dem Bett und ließ alles über sich ergehen. Sie wünschte sich nichts sehnlicher, als mit ihrem neuen Mann, den sie bald heiraten wollte, eine erfüllende Partnerschaft zu leben und dieses Thema endlich abzuschließen.

Während einer schamanischen Reise holte sie die Seelenanteile, die damals, während ihres Missbrauchs, geflüchtet waren, zurück. Sie war überrascht und überglücklich, dass die Seelenanteile keinen Schaden genommen hatten und vergnügt auf einer Wiese in der Anderswelt spielten.

Es waren mehrere Anteile, die VERTRAUEN, UNSCHULD und KINDLICHE FREUDE symbolisierten. Nachdem diese Anteile zurückgekommen waren, musste Marianne sich noch eine Zeitlang um sie kümmern. Daher bat ich sie, sich ganz bewusst mit diesen Anteilen zu verbinden, wenn sie mit ihrem Mann zusammen war. Nachdem das VERTRAUEN, die KINDLICHE UNSCHULD und die FREUDE zurückgekommen waren, bemerkte Marianne, dass sie während dem körperlichen Kontakt mit ihrem Mann viel präsenter in ihrem Körper bleiben konnte und sie zum ersten Mal Zärtlichkeiten fühlen und austauschen konnte. Das VERTRAUEN, die UNSCHULD und die KINDLICHE FREUDE halfen auch ihren anderen Seelenanteilen, nicht gleich aus dem Körper zu flüchten, wenn es zu sexuellem Kontakt kam.

Nachdem diese Anteile zu ihr zurückgekommen waren, bemerkte sie auch, dass sie viel mehr Zeit brauchte, um sich für ihren Mann während des Liebesspiels öffnen zu können. Ihr Mann war sehr einfühlsam und konnte ihren Seelenanteilen mit seiner Liebe helfen. Nachdem das VERTRAUEN wieder integriert war, konnte sie auch die WEIBLICHKEIT, die SINNLICHKEIT und die HINGABE wieder zurückholen und integrieren.

- *Kannst du deinen Körper sinnlich erleben?*
- *Hast du Freude an deiner Sexualität?*
- *Kannst du dich einem anderen Menschen hingeben?*

Wenn du diese Fragen verneinst, muss das nicht heißen, dass du als Kind sexuell missbrauchst wurdest. Missbrauch kann auch in anderen Leben stattgefunden haben. Auf jeden Fall zeigt es, dass dir etwas fehlt.

Seelenverlust in vergangenen Leben

Mira war Therapeutin und kannte sich gut mit Seelenarbeit aus. Als wir uns gegenüber saßen, wusste sie nicht, warum, sie einen Termin mit mir vereinbart hatte. Sie hatte lediglich das Gefühl, dass ich ihr helfen könnte, wobei wusste sie jedoch nicht. Da Mira sehr achtsam mit sich selbst umging, hörte sie auf ihre Seele und vereinbarte einen Termin. Ich fragte sie, was sie in letzter Zeit beschäftigte und sie berichtete mir, dass sie keine größeren Probleme hatte. In der Familie, Partnerschaft und im Beruf sei alles im „grünen Bereich". Das einzige, was ihr Probleme bereitete, war ihre Halswirbelsäule. Sie machte diesbezüglich Chi Gong, welche ihre Beschwerden linderte. Doch nichts half dauerhaft.

Wir beschlossen, für ihre Halswirbelsäule eine Seelenrückholung zu machen. Nachdem ich Mira auf ihren Kraftplatz begleitet und die Verbindung mit ihren geistigen Führern hergestellt hatte, fing Mira urplötzlich an, laut zu weinen und zu schluchzen. Sie konnte ein großes Feuer sehen und in diesem Feuer brannte ihr Schädel. Da ich schon viele Rückführungen in vergangene Leben begleitet hatte, wusste ich, dass es sich bei diesem Bild, aus Erfahrungen in einem vergangenen Leben handelte. Was dann passierte, war auch für mich, die schon so viele Seelenrückholungen begleitet hatte, erstaunlich zu beobachten. Ihr ganzer Körper bebte, während sie weinte und weinte.

Mit Hilfe der geistigen Welt wurde ihr Schädel, den sie in einem vergangenen Leben verloren hatte, aus dem Feuer befreit und energetisch wieder in ihren Körper eingesetzt. Sie bekam auf diese Weise die Energie zurück, die sie bei einer Hinrichtung in einem vergangenen Inkarnation verloren hatte. Ihr Körper bebte, während die Energie und die dazugehörigen Gefühle zu ihr zurückkamen.

Durch das Weinen konnte sich die traumatische Energie aus ihrem Körper lösen und losgelassen werden. Sie fühlte sich hinterher vollständig und war überglücklich über diese Heilung. Nun verstand sie auch, warum sie Schmerzen und Probleme in ihrer Halswirbelsäule hatte.

Es ist möglich, dass durch traumatische Erlebnisse Lebenskraft in bestimmten Organen oder Körperteilen verloren gehen kann und diese dann auch anfälliger für Krankheiten sind. In vergangenen Zeiten war es beispielsweise eine gängige Praxis, in religiösen Ritualen und Zeremonien Menschen zu opfern und ihnen Organe, wie zum Beispiel die Thymusdrüse oder das Herz, zu entnehmen und zu verspeisen, um sich die Lebenskraft der Opfer einzuverleiben. So kann es vorkommen, dass Organen über viele Inkarnationen hinweg, wichtige Lebensenergie fehlt und diese anfälliger für Krankheiten sind. Wenn man über diese Sachverhalte Bescheid weiß, erscheint die Thematik der Organspende in einem ganz neuen Licht. Wenn eine Organerkrankung oder -schwäche vorliegt, kann es möglicherweise helfen, eine Seelenrückholung durchzuführen, um die Lebensenergie zurückzuholen, die dem Organ Vitalität verleiht. Viele Seelenrückholungen, die ich begleitet habe, führten in vergangene Leben. Seelenanteile können vergraben, ertränkt, gefoltert oder eingesperrt worden sein. Manchmal kämpfen sie noch immer auf dem Schlachtfeld oder fliehen vor dem Feind. Damit der Seelenanteil und die darin gebundene Lebensenergie zurückgeholt werden kann, muss man die Seelenessenz aus diesen Situationen befreien und heilen.

Seelenverlust durch Leben in der Vergangenheit

Lisa kam zu mir und war sehr unglücklich. Sie fühlte sich alleine und wünschte sich nichts sehnlicher als eine Partnerschaft. Sie gab viel Geld für Schönheitsoperationen und Kleidung aus, doch kein Mann schien sich für sie zu interessieren.

Während einer Seelenrückholung fanden wir Seelenanteile in drei verschiedenen Ländern bei drei verschiedenen Männern. Als ich sie danach fragte, erklärte sie mir, dass die Zeit, die sie mit diesen Männern verbracht hatte, die schönsten Jahre ihres Lebens gewesen waren. Es verging kein Tag, an dem sie nicht daran dachte. Sie stellte sich vor, wie schön es mit diesen Männern gewesen war. Ein Großteil ihrer Seele und ihrer Lebenskraft war an die Vergangenheit gebunden. Diese Seelenkraft fehlte ihr für ihr jetziges Leben.

Wohin wir unsere Aufmerksamkeit lenken, geht auch unsere Lebens- und Seelenkraft. Jeder Mensch ist ein Energielenker und kann entscheiden, wohin er seine Energie lenkt. Lenkst du sie auf dich selbst und deine Seele, dann wird diese erstrahlen und immer stärker werden. Lenkst du sie in die Vergangenheit, dann bekommt diese Energie, die dir in der Gegenwart fehlt. Beschäftigst du dich viel mit deiner Zukunft, dann lenkst du die Energie dorthin und verpasst das Leben in der Gegenwart.

Durch die Seelenrückholung stellten wir fest, dass Lisa den größten Teil ihres Lebens in der Vergangenheit verbrachte und daher nicht in der Gegenwart lebte. Um anziehend für einen Mann in der Gegenwart zu sein, musste sie präsent sein und aufhören, von vergangenen Zeiten zu träumen.

Wir holten die Anteile ihrer Seele von diesen Männern aus der Vergangenheit zurück. Wenn sie traurig war, dachte sie nicht mehr an die vergangenen Zeiten, sondern versuchte etwas in ihrem Leben zu finden, worüber sie sich freuen konnte. Das gelang ihr mit der Zeit immer mehr und sie wurde zu einer Frau, die Freude ausstrahlte und das Leben genoss.

Sie hörte auf, darauf zu warten, dass ein Mann ihre Bedürfnisse erfüllte und beschenkte sich selbst. Als ich sie das letzte Mal traf, war sie glücklich mit ihrem Leben und fokussierte ihre Energien nicht mehr darauf, um jeden Preis einen Partner zu finden. Sie war in sich heil und vollständig geworden.

- *Träumst du regelmäßig von vergangenen Erlebnissen, Beziehungen oder Zeiten, in denen du glücklich warst.*
- *Bist du unzufrieden mit deinem Leben und denkst immer an die „gute alte Zeit" zurück?*

Seelenverlust durch Meditation und Verehrung

Eine andere Form der Realitätsflucht kann die Meditation sein. Man kann mit unterschiedlichen Absichten meditieren. Eine Absicht kann sein, in der Meditation mit der Seele und den eigenen Bedürfnissen in Kontakt zu kommen. Diese Form der Meditation führt zu größerer Selbsterkenntnis. Eine andere Absicht kann sein, aus der Meditation Energie zu schöpfen, um in die Harmonie zu kommen oder um Achtsamkeit zu üben.

Meditation kann aber auch dazu benutzt werden - und das kommt relativ häufig vor - um dem Leben mit seinen Problemen zu entfliehen. Menschen, die aus diesem Grund meditieren, erlebe ich häufig als entrückt und nicht greifbar. Spricht man sie auf konkrete Probleme an, fühlen sie sich nicht angesprochen oder sind der Meinung, es hat nichts mit ihnen zu tun.

Große Anteile ihrer Seele sind in dem Moment nicht fühlbar in ihrem Körper und können daher auch keine wahre Verbindung zu ihrem Gegenüber aufbauen. Aus diesem Grund können sie auch den Anschein erwecken oder selbst davon überzeugt sein, sie seien „erleuchtet", da sie keine Reaktion oder Gemütsbewegung zeigen, was von vielen Menschen wiederum als innerer Frieden interpretiert werden kann.

Ich durfte einige solcher ‚Meister' in meinem Leben kennenlernen, die entrückt auf ihrem Podest saßen. Viele bedürftige Anhänger meditierten zu ihren Füßen und projizierten ihre Bedürfnisse nach Vollständigkeit, Ganzheit und Glückseligkeit auf ihren ‚Meister'.

Durch diese Verehrung und Hingabe an einen irdischen Meister können Menschen unbewusst einen Großteil ihrer Seelenenergie an diesen verlieren und dabei immer schwächer werden. Das kann bis zur Aufgabe des eigenen Willens und Seelenauftrages gehen.

Mein Mann und ich durften diese Erfahrung bei einem Guru machen, den Menschen weltweit verehren. Diese Menschen beten für ihn, singen Lieder für ihn, schmücken den Altar mit Blumen und Kerzen für ihn und projizierten all ihre Hoffnungen und all ihre Liebe auf ihn.

Einige unserer Bekannten, wurden durch diese Art der Verehrung und Anbetung immer schwächer und kränker. Nur in der Gegenwart des Meisters ging es ihnen gut. Sie wurden emotional und energetisch komplett abhängig von diesem. Nach einem tiefen Leidensweg erkannten diese Personen unabhängig voneinander, dass sie ihre Energie an den Guru verloren hatten.

In der Gegenwart diesen ‚Meisters' sind immer noch viele Menschen davon überzeugt, dass es sich um einen personifizierten Gott oder Erleuchteten handeln muss, soviel Energie strahlt dieser Mann aus. Die Energie bekommt dieser Guru von all den Anhängern, die ihn anbeten. Unseren Bekannten ging es erst wieder besser, nachdem sie sich von ihrem Meister gelöst hatten und ihre Seelenanteile wieder zu sich zurückgeholt hatten.

Eine meiner Klientinnen, eine bekannte Therapeutin, war in ihrem Leben bei vielen Gurus gewesen und bei jedem dieser Gurus hatte sie einen Teil ihrer Seele gelassen. Bei einer Seelenrückholung holten wir all diese Seelenanteile wieder zu ihr zurück. Wenn wir unsere Seele leben wollen, dürfen wir uns von dem Glauben lösen, dass andere Menschen göttlicher sind als wir.

Jeder von uns ist eine göttliche Seele, die sich in einem Körper inkarniert hat und wir sind alle gleichwertig.

> - *Hilft dir die Meditation, dein Leben besser zu leben, achtsamer und liebevoller zu werden?*
> - *Erlaubst du dir, ganz Mensch zu sein?*
> - *Tendierst du dazu, andere zu verehren und auf ein Podest zu stellen?*
> - *Bist du davon überzeugt, dass andere Menschen göttlicher sind als du?*

Seelenverlust im Koma

Koma ist eine schwere Form des Seelenverlustes, der nach einem besonders schweren traumatischen Ereignis erfolgen kann. Das Trauma ist so groß, dass die Seele flüchtet, um das ganze Ausmaß des Ereignisses nicht miterleben zu müssen. Koma ist also eine Art Selbstschutz.

Ich hatte einen guten Freund, der zwei Monate lang im Koma lag. Er war von einem Zug überfahren worden und sein linkes Bein wurde dabei abgetrennt. Dieses Trauma musste für ihn damals so schwer gewesen sein, dass seine Seele ganz weit weg flüchtete.

Als er nach zwei Monaten erwachte, erzählte er mir, dass er an einem wunderschönen Ort gewesen war, von dem er gar nicht hatte zurückkommen wollen. Seine Seele hat sich in der Zeit einen lichtvollen und warmen Ort in der geistigen Welt gesucht.

Eine andere Frau war zutiefst unglücklich, da ihre Tochter jahrelang im Koma lag. Diese war von ihrem arabischen Vater aus Deutschland entführt, gegen ihren Willen von ihrer Mutter getrennt und in der Heimat ihres Vaters in einer ihr fremden Kultur verheiratet worden. Die Seele des Kindes fühlte sich durch diesen Zustand zerrissen und erlebte das Leben als solch eine starke Bedrohung, dass sie ins Koma fiel.

Wenn Menschen das Leben als Bedrohung erleben oder Angst vor dem Leben haben, ist es möglich, dass die Seele nach einem Unfall oder nach traumatischen Ereignis jahrelang nicht mehr zurückkommt. Die Seele befindet sich meistens in angenehmen Welten und ihr irdisches Dasein scheint ihr ganz weit weg, als wäre es hinter einem Schleier verborgen.

Seelenverlust durch Fremdenergien

In meinem Buch ,Clearing - Befreiung der Seele ins Licht', beschreibe ich die Reise der Seele, woher sie kommt und was im Augenblick des Todes passiert. Ich berichte in diesem Buch von meinen Erfahrungen mit Verstorbenen, die als erdgebundene Seelen ihren Weg nicht ins Licht finden und sich weiterhin in der irdischen Ebene aufhalten.

Es ist möglich und kommt sehr häufig vor, dass diese Seelen sich einen Körper suchen, den sie bewohnen können. Das kommt vor allem unter verstorbenen Familienangehörigen vor, wenn diese den geliebten Menschen nicht loslassen können oder aus vielen verschiedenen anderen Gründen, die ich in meinem Buch ausführlich beschreibe. Die größte Problematik bei der Inkorporation von

Fremdseelen ist, dass dadurch die Seele des Menschen, der besetzt wird, blockiert wird, er dadurch seine eigene Seelenkraft nicht fühlen oder Zugang zu höheren spirituellen Ebenen bekommen kann. Außerdem ist es möglich, dass durch die Besetzungen Seelenanteile vertrieben werden.

Manche Fremdseelen sind sehr dominant und wollen ihren Willen und ihre Bedürfnisse in dem Körper, den sie besetzen, ausleben. Auf diese Weise kann ein Mensch plötzlich für ihn untypische neue Verhaltensweisen und Vorlieben entwickeln. Da bei Besetzungen häufig mehrere Fremdseelen in einem Körper sind, hat der Mensch widersprüchliche Gefühle und Gedanken und findet schwer Klarheit in sich. Die Person fühlt sich fremdgesteuert und nicht in ihrer eigenen Mitte.

Je mehr Fremdseelen einen Körper bewohnen, desto weniger Energie hat die Person, die besetzt wird. Sie kann ihre eigenen Seelenimpulse nicht mehr wahrnehmen und übernimmt die Gedanken, Wertvorstellung und Gefühle der Fremdseelen.

Besetzungen sind auch ein globales Problem. Durch die vielen Kriege und Gewalt, verlieren viele Menschen ihre Seele, oft schon in frühester Kindheit. Zurück bleibt eine Hülle, die oftmals von bereits verstorbenen Seelen in Kriegsgebieten besetzt wird.

Das bedeutet, dass Menschen aus Kriegsgebieten häufig nicht nur die Wut und Trauer ihrer eigenen Seele in sich tragen, sondern die vieler Verstorbener und Hingerichteter, die alle Rache wünschen. Das ist eine weitere wichtige Ursache von Gewalt auf unserer Erde.

Ein Mensch, der in Verbundenheit mit seiner Seele lebt, wird andere nicht willentlich, willkürlich und unverfroren verletzen und demütigen. Er wird nicht zulassen, dass unsere Erde geschändet und ausgebeutet wird, denn er erkennt, dass wir alle miteinander verbunden sind.

Wenn man diese Hintergründe begreift, versteht man auch, wie wichtig die Befreiung von Fremdseelen und die Rückholung und Integration von Seelenanteilen in der heutigen Zeit ist.

Wenn jeder Mensch von Fremdschwingungen befreit und wieder vollständig mit seiner Seele verbunden ist, wird es keine Gewalt und keine Kriege mehr geben. Wir werden uns gegenseitig unterstützen und mit der Natur und ihren Ressourcen harmonisch umgehen.

2. Teil

Seelenrückholung

Seele, breite deine Flügel
und flieg zurück zu mir.
Mein Herz ist weit.
Komm zurück meine Liebe,
Denn ich bin für dich bereit
(Seelenrückholungslied)

Nachdem ich im ersten Teil des Buches über Seelenverlust und dessen Ursachen berichtet habe, geht es mir im zweiten Teil des Buches darum, dir mehr über die Natur der Seelenanteile und die Methode der Seelenrückholung zu berichten und was damit bewirkt werden kann.

Seelenanteile sind Fragmente unserer Seele, reine Energie und Seelenessenz. Diese Seelenenergien haben unterschiedliche Schwingungen und Qualitäten. Sie bringen Licht und Heilung in unseren Seelenkörper, der sehr häufig verletzt und schwach ist. Mit der Rückholung unserer Seelenanteile holen wir Ressourcen unserer ursprünglichen Lichtseele zurück, sodass wir wieder eins und heil werden können.

Seelenverlust ist der älteste Mythos der Menschheit. Er wird in der Bibel mit der ‚Vertreibung aus dem Paradies‘ beschrieben. Im ‚Paradies‘ waren die Menschen glücklich und verbunden mit allem. Mit der ‚Vertreibung aus dem Paradies‘ trennten sie sich vom Göttlichen und begaben sie sich ins Exil in die Dunkelheit und Trennung. Das war der Ur-Seelenverlust. Die Kabbala beschreibt den Fall der Seele, als eine Zersplitterung in tausend Seelenfunken. Ziel der Urseele ist es, alle Seelenfunken wieder zusammenzuführen. Die Seelenrückholung der Seelenfunken ist ein Weg zurück zum vollkommen göttlich-erwachten Menschen, wie er in alten Schriften erwähnt wird. Wenn wir die Fülle und Ganzheit in uns wiederhergestellt haben, werden wir das ‚Paradies auf Erden‘ manifestieren, nach dem wir uns so sehr sehnen.

Die schamanische Seelenrückholung ist ein Weg, alle Seelenfunken aus den unterschiedlichsten Schwingungsebenen aufzusammeln und zurückzubringen. Wir reisen dazu in die Anderswelt, in eine Welt des Geistes jenseits der materiellen Form. In dieser Welt werden alle Manifestationen geboren.

Seelenanteile können sich unserem Bewusstsein auf unterschiedliche Weise zeigen. Manchmal offenbaren sie ihre Energie als Gegenstände, die eine spezifische Energiequalität symbolisieren, wie zum Beispiel ein Kelch oder ein Kristall. Sie können auch als reine Energie, als Farbe oder als Lichtkugel wahrgenommen werden. In den meisten Fällen jedoch zeigen sich abgespaltene Seelenessenzen als personifizierte Seelenanteile, mit denen wir kommunizieren können. Wenn wir Seelenanteile in der Anderswelt aufspüren, sind viele Anteile glücklich darüber, kommen gerne zurück und können auch ganz leicht in den Körper integriert werden, sofern die Person bereit ist, ihre Seelenkraft anzunehmen und dieser Kraft Raum in ihrem Leben zu geben.

Manche Seelenanteile sind aber auch sehr scheu und verstecken sich. Viele sind ängstlich, verletzt und kraftlos. Es ist auch möglich, dass Seelenanteile ertrunken, vergraben oder verbrannt sind. Sie können eingesperrt oder gefesselt sein. Andere sehen verwahrlost aus oder wirken wie tot. Es ist auch möglich, dass ein Seelenanteil noch in seinem ursprünglichen Trauma erstarrt ist. Ich durfte Seelenanteile zurückholen denen Gliedmaßen oder Sinnesorgane fehlten oder deren Körper geteilt waren. Das zeigt, wie viel schreckliche Erfahrungen die Seele häufig in vergangenen Leben durchleben musste. Bevor diese Seelenanteile in den Körper integriert werden können, ist es daher sehr wichtig, sie zu heilen.

Nicht jeder Seelenanteil kommt gerne zurück. In vielen Fällen muss ich auch mit den Seelenanteilen verhandeln, da sie lieber in angenehmeren Welten bleiben wollen. Wenn Seelenanteile in den Körper integriert werden, kann das an einem bestimmten Körperteil oder Organ spürbar sein. Oder die Energie verteilt sich über mehrere Organe oder dem ganzen Körper. Viele Menschen fühlen sich nach einer Seelenrückholung warm, strömend, leuchtend und einfach vollständiger. Der Dialog mit dem zurückgeholten Seelenanteil ist auch sehr wichtig, damit man den Grund des Seelenverlustes herausfinden kann. Jeder Seelenfunken gehört zu den elementaren Kräften unserer Seele.

Bewusstseinsräume der Seele

Seelenrückholung ist keine ausschließliche Methode des Schamanismus. In der modernen Psychologie spricht man auch von abgespaltenen Persönlichkeitsanteilen, die man durch das Aufarbeiten von Emotionen und Gefühlen wieder ins Bewusstsein integrieren kann.

Bei der psychologischen Methode kann man allerdings nur mit den verletzten Seelenanteilen arbeiten, die entweder verdrängt oder abgespalten sind, oder sich noch in der ursprünglichen Situation in der Erstarrung befinden. Seelenanteile, die in andere Bewusstseinsräume geflüchtet sind, kann man mit dieser Methode leider nicht zurückholen. Dafür braucht es eine schamanische Seelenrückholung. Wenn ein Mensch keine Gefühle bezüglich einer Verletzung hat, ist der Seelenanteil in den meisten Fällen in andere Welten geflüchtet. Die Person kann in dem Fall den Schmerz der ursprünglichen Verletzung erst fühlen und aufarbeiten, wenn dieser Seelenanteil gefunden und zurückgeholt wurde. Ich habe darüber in dem Kapitel ‚Seelenverlust als Therapieblockade‘ berichtet.

Wenn ich einen Klienten in einer Seelenrückholung begleite, wissen wir nie, wohin uns die geistigen Begleiter führen werden. Ich habe Menschen schon zu den abenteuerlichsten Orte geführt und in Bewusstseinsräume mit anderen Farben, Gerüchen und Klängen begleitet, als wir es von unserer Welt kennen. Ich durfte Welten voller Schönheit, Stille, Dunkelheit, Wildheit und Kargheit bereisen und Schwingungsebenen aufsuchen, die anderen Gesetzmäßigkeiten unterworfen sind und in denen andere Wesen leben, als wir sie kennen.

Die Frage, ob diese Welten in der Realität existieren, ist dabei zweitrangig. Manche Menschen zweifeln an der Realität ihrer Wahrnehmung und stehen sich dabei selbst im Weg. Ihnen stelle ich meistens die Frage: „Was ist real? Ist Wirklichkeit nicht immer das, was wir erfahren, fühlen und wahrnehmen, jeder Mensch ganz individuell?"

Jeder Mensch hat eine andere Wirklichkeit, weil jeder Mensch die Welt auf seine ganz einzigartige Weise wahrnimmt. Unser ganzes Leben ist eine Projektion unseres Geistes und ein Werkzeug, damit unsere Seele wachsen kann. Alles, was wir aufnehmen und wahrnehmen, wird durch unseren Verstand und unsere Überzeugungen gefiltert. Jeder Mensch hat seine eigene Wahrnehmung und daher sind die inneren und feinstofflichen Welten subjektiv wahrnehmbare Wirklichkeiten.

In der Seelenrückholung bereist der Klient seine eigenen Seelen- und Bewusstseinsräume und nimmt sie seinen Prägungen entsprechend wahr. Manche Menschen sehen alles in allen Einzelheiten, andere fühlen oder hören mehr.

Alles, was einem Menschen in der Anderswelt während einer schamanischen Seelenrückholung begegnet, hat eine Bedeutung für seine Seele und ist Träger einer bestimmten Energie und Information. Die Energien, die der Mensch während seiner Reise erlebt, wirken bewusstseinsverändernd, harmonisierend und integrierend auf den Reisenden. Dabei können die gleichen Bilder für verschiedene Menschen andere Bedeutungen und Wirkungen haben. Ein Bär zum Beispiel kann dem einen Menschen STÄRKE, einem anderen SCHUTZ vermitteln. Auch die Bewusstseinsräume, die während einer Seelenrückholung bereist werden, zeigen sich für jeden Reisenden auf eine eigene Art und Weise.

Wenn ich mich auf eine Seelenrückholungsreise begebe, für mich selbst oder begleitend, bewege ich mich immer in einem heiligen Raum, den ich zuvor energetisch gereinigt und in den ich meine geistigen Begleiter eingeladen habe. Die geistigen Seelenhelfer oder Krafttiere führen uns dann an den Ort, an dem der Seelenteil sich aufhält. Ich lade dich jetzt ein, mich auf einigen Seelenrückholungs-reisen zu begleiten.

Im Palast der Schneekönigin

Jahrelang hatte ich immer denselben Traum. Ich träumte, dass ich die Treppen im Hausflur meiner Großmutter hinunterfiel. Bevor ich jedoch ganz unten aufkam, flog ich zum offenen Fenster in den lichterloh brennenden Himmel hinaus. Dieser Traum prägte sich in mir als früheste Kindheitserinnerung ein.

Als ich älter wurde und meiner Mutter davon erzählte, erklärte sie mir, dass ich als achtmonatiges Baby mit dem Lauflernstuhl im Haus meiner Großmutter die Treppen hinuntergefallen war. Körperlich war mir nichts geschehen, jedoch muss ich damals einen Seelenanteil verloren haben. Als ich die Methode der Seelenrückholung kennenlernte, ergab der Traum für mich einen Sinn und ich wusste, dass ich einen Seelenanteil verloren hatte, der in den Himmel geflüchtet war. Ich beschloss, eine schamanische Reise in die Anderswelt zu unternehmen, um diesen Seelenanteil zu mir zurückzuholen. Von dieser Seelenrückholung werde ich dir jetzt erzählen.

Auf meinem Kraftplatz in der Anderswelt wartete schon mein bester Freund der Adler auf mich. Der Weißkopfseeadler Clyde, den mein Mann Ralf und ich in einer Falknerei kennenlernen durften und der uns eine Feder schenkte, ist seither auch bei meinen schamanischen Reisen dabei und hilft mir sehr häufig bei den Seelenrückholungen meiner Klienten. Ich erklärte ihm, dass ich gerne den Seelenanteil zurückholen wolle, der als kleines Kind bei meinem Sturz in die Tiefe in den Himmel geflüchtet war. Mental nahm ich dabei mit meinem Seelenanteil Kontakt auf. Ich konnte fühlen, dass es ihm sehr gut ging und ich kündigte ihm an, dass ich ihn zu mir zurückholen wolle. Clyde hatte auch schon Fährte aufgenommen und ich setzte mich auf seinen starken Rücken. Zum Glück gibt es in der Anderswelt keine Schwerkraft oder andere physikalische Kräfte der stofflichen Welt. Wie im Traum ist auch auf dieser geistigen Ebene alles möglich. Clyde ist für mich ein starker Begleiter. Eng angeschmiegt an den Rücken meines Adlers flog ich immer höher hinauf in den Himmel und durch die Wolkendecke hindurch. Ich genoss die grenzenlose Weite und das tiefe Blau des Himmels. Die Sonne wärmte mich mit ihren Strahlen. Ganz weit unten konnte ich die Erde sehen. Ich fühlte mich leicht und frei.

Ich liebe es, mit Clyde zu fliegen. Ich empfinde Dankbarkeit für die tiefe Freundschaft, die mich mit meinem Adler verbindet und für die Sicherheit, die er mir vermittelt. Ich kann mich ganz auf Clyde verlassen.

Wir flogen immer weiter und weiter, bis wir in ein dichtes Wolkenfeld hineinflogen. Außer weißer Nebelfelder nahm ich eine Zeitlang nichts wahr. Als die Sicht wieder etwas klarer wurde, konnte ich ein Schloss erkennen, welches mehrere Türme hatte und aus reinem weißen Kristall gebaut war. Noch konnte ich meinen Seelenanteil nicht sehen. Clyde wartete draußen, während ich durch das Tor in das Innere des Schlosses ging. Ich kam in ein großes Foyer, von dem Treppenaufgänge in verschiedene Richtungen nach oben führten. Alles war weiß, kristallin und kalt.

Ich erinnerte mich an das Märchen ‚Die Schneekönigin‘. Es war mein Lieblingsmärchen als Kind gewesen. Bei dem Märchen geht es um zwei Kinder, die sich sehr lieben - dem Buben Kay und dem Mädchen Gerda. Der kleine Kay wurde von der Schneekönigin geküsst und sein Herz wurde zu Eis. Die Schneekönigin versprach Kay, in einem großen Schloss wohnen zu dürfen, was ihn dazu veranlasste, seine Seelenfreundin Gerda zu verlassen und im Palast der Schneekönigin zu leben. Gerda vermisste Kay sehr und wartete lange Zeit auf seine Rückkehr. Als er nicht nach Hause kam und Gerda erwachsen geworden war, verließ auch sie ihr zuhause, um ihren liebsten Kay zu suchen. Verschiedene Tiere und die unterschiedlichsten Persönlichkeiten halfen ihr, das Schloss der Schneekönigin und auch Kay zu finden. Als sie Kay schließlich fand, erkannte er seine Freundin Gerda nicht. Gerda musste ihn küssen, bevor der Splitter aus seinem Herzen entweichen, er Gerda erkennen und sich mit ihr in Liebe vereinen konnte.

Dieses Märchen war sehr präsent in meinen Gedanken, als ich den Palast betrat. Märchen spiegeln oft tiefe seelische und kollektive Wahrheiten wider. Dieses Märchen beschreibt in symbolischer Form Seelenverlust und eine schamanische Seelenrückholungsreise. Gerda steht dabei für einen Menschen, dem ein Seelenanteil verloren geht und Kay für den Seelenanteil, der abgeschottet im Palast der Schneekönigin lebt. Erst als sich Gerda auf den Weg macht, kann sie ihren anderen Anteil finden. Mehrere Krafttiere sind ihr dabei behilflich und zeigen ihr den Weg. Dieses Märchen hatte mich als kleines Kind immer fasziniert. Jetzt erkannte ich die Bedeutung dessen. Ich ging mehrere Stockwerke des Palastes hinauf, immer nach meinem Seelenanteil suchend. Das Treppenhaus erinnerte mich an meinen Kindheitstraum, in dem ich die Stufen hinunter ins Foyer fiel und bevor ich auf dem Boden aufschlagen konnte, durch das offene Fenster in den Himmel flog.

Als ich oben im Palast angekommen war, gelangte ich in einen großen, kristallenen Raum. Ganz am Ende des Raumes sah ich jemanden, der mir den Rücken zudrehend aus dem Fenster schaute. Ich wusste intuitiv, dass ich meinen Seelenanteil gefunden hatte. Ich fühlte dessen Einsamkeit und Isoliertheit, aber auch die innere Stille und das Glück, das mein Seelenanteil in diesem Kristallpalast fühlte. Jener stand am Fenster und genoss die lichtvollen Energien, die aus den Kristallen zu ihm strömten. In dieser Einsamkeit gab es für ihn keine Sorgen. Es gab nichts zu tun. Er durfte einfach nur Sein. Ich kannte das Gefühl der klaren und lichtvollen Einsamkeit. Als ich ihm näher kam, drehte er sich zu mir um. Er schimmerte weiß und durchsichtig. Ich fragte mich, ob meine Seele schon öfters hier in diesem Palast bei ihm gewesen war. Möglicherweise immer dann, wenn ich zu verletzt war, um meine Gefühle in ihrer Ganzheit fühlen zu können?

Dieser Ort hatte etwas Stilles, Beruhigendes und Klares. Es gab keine Gefühle hier, keinen Schmerz und keine Freude. Mein Seelenanteil drehte sich zu mir um und strahlte mich an - er war weder männlich noch weiblich, sondern er strahlte eine sehr hohe, lichtvolle Energie aus. Er schien mich zu erkennen und war bereit, mit mir zu gehen. So einfach hatte ich mir das nicht vorgestellt. „Ich habe auf dich gewartet.", sagte er mir, „Es war so schön hier, deswegen bin ich noch ein bisschen länger geblieben." Als ich ihn fragte, wo in meinem Körper er hingehörte, war es erstaunlicherweise mein Wurzelchakra, mit dem er sich verbinden wollte.

Das Wurzelchakra ist das Chakra, das mit der Körperlichkeit und dem Urvertrauen in Verbindung steht. Zeit meines Lebens fühlte ich immer wieder Druck in jenem. Als der Seelenanteil mit mir verschmolz, fühlte sich mein Wurzelchakra jedoch leicht und frei an.

Ich hatte einen wichtigen Seelenanteil wiedergefunden, der mich mit seinem spirituellen und kristallinen Bewusstsein in meinem Leben und bei meiner Lebensaufgabe unterstützen konnte. Als ich das nächste Mal in einer schamanischen Reise in den Kristallpalast reiste, konnte ich dort nur einen Schmetterling finden. Das war ein sehr schönes Zeichen, da der Schmetterling die Transformation der Seele symbolisiert.

Seelenrückholung der Lebensfreude

Als Angela zu mir kam, hatte sie fast keine Energie mehr. Sie fühlte sich leer und ausgebrannt. Am liebsten sei sie alleine. Von anderen Menschen fühle sie sich sehr schnell abgelehnt und habe aus diesem Grund auch Angst, ihre Meinung zu sagen. Intuitiv ließ ich sie ein Chakra-Bewusstseins-Öl ziehen und sie zog das Öl Rosa: Herzöffnung und Mitgefühl. Das Öl mochte sie nicht, obwohl es für mich einfach wunderbar riecht.

Ablehnung ist auch häufig ein Indiz für eine Schwingung, die einem Menschen fehlt. Als ich sie danach fragte, erzählte sie mir, dass sie in der Tat Schwierigkeiten habe, ihrem Mann gegenüber ihr Herz zu öffnen und ihre Liebe zu zeigen. Sie fühlte sich ausgebrannt und leer und wollte nur noch alleine sein. Ihre zwei Katzen, die sie über alles liebte, waren kürzlich verstorben und sie fühlte sich zutiefst verletzt und einsam.

Ich schlug Angela vor, eine schamanische Reise mit ihr zu machen. Angela zuckte mit den Schultern. Sie war skeptisch und gab mir klar zu verstehen, dass sie nicht glauben könne, dass Schamanismus und Seelenarbeit funktioniere. Trotz ihrer Bedenken ließ sie sich darauf ein und ich war darauf vorbereitet, dass diese Reise vielleicht etwas zäh werden könnte.

Eine schamanische Reise und jede Form von geistiger Begleitung setzt voraus, dass der Reisende offen für die Methode und die Begleitung ist. Auch können die beste Methode und die stärksten geistigen Helfer nicht helfen, wenn der Mensch selber nicht bereit ist, innerlich heil und vollständig zu werden. Ich habe Menschen erlebt, die nur zu mir kamen, um mir zu erzählen, wie schlimm es ihnen ginge, ohne etwas für eine Verbesserung ihrer Situation tun zu wollen. Sie erwarteten von mir, dass ich ihre Blockaden einfach auflösen würde, ähnlich einer Tablette, die ein Symptom verschwinden lässt. Doch so funktioniert wahre Heilung nicht Das ist nur Symptombekämpfung und verlängert den Leidensweg. Daher ist es mir wichtig, den Klienten in seine Eigenverantwortung zu führen.

Ich sehe mich nicht als Heilerin, die anderen Menschen ihre Sorgen und Probleme abnimmt und ihnen sagt, was sie tun sollen, sondern als jemanden, der die Menschen darin begleitet, sich selbst zu heilen und ihre Antworten aus ihrem eigenen Inneren zu schöpfen. So agiere ich mehr als eine Art „Hebamme", welche die Menschen begleitet, ihnen aber nicht die eigene Arbeit abnehmen kann.

Angela war skeptisch und ich hoffte, dass sie sich durch ihre Zweifel nicht selbst im Weg stehen würde. Vor der schamanischen Reise gab ich das ROSA ÖL in ihre Aura und ließ sie die Heilkräfte des Öles einatmen.

Kaum hatten wir die schamanische Reise begonnen, konnte sie sich als fünf- bis sechsjähriges Kind sehen, das auf den Wolken herum hüpfte. Sie war sehr überrascht, diese Bilder zu haben und konnte nichts damit anfangen. Zu dem Zeitpunkt hatte ich ihr noch nichts über Seelenrückholung erzählt und sie wusste nicht, dass es so etwas überhaupt gab. Also erklärte ich ihr, dass es ein Anteil von ihr selbst war, der im Alter von fünf bis sechs Jahren von ihr gegangen war. Ich fragte sie, ob irgendetwas in diesem Kindheitszeitraum passiert war und sie erzählte mir, dass ihre Eltern sich zu dem Zeitpunkt hätten scheiden lassen. Allerdings hatte sie kaum Erinnerungen daran. Ich begann einen Dialog mit ihrem Seelenanteil, der in den Wolken umher hüpfte und sehr viel Spaß hatte, doch ihr kindlicher Anteil reagierte nicht auf mich.

Ich bat Angela, selber mit diesem Mädchen zu kommunizieren und es zu bitten, zu ihr zu kommen. Als Angela zu ihrem Kind sprach, wurde sie plötzlich sehr emotional. Sie legte ihre Hände auf ihr Herz und Tränen begannen zu fließen. Ich konnte fühlen, dass gerade etwas sehr Wichtiges und Bedeutendes in ihrem Inneren vor sich ging.

Ich überließ Angela ihrem inneren Prozess, ohne weitere Fragen zu stellen, damit sie ganz fühlen konnte, was in ihr vorging. Nach ein paar Minuten fragte ich sie, wie es ihr und ihrem kindlichen Seelenanteil ginge. Sie erzählte mir, dass das Mädchen, nachdem sie es gebeten hatte, zu ihr zu kommen, in ihr Herz sprang und sich in ihr Herz kuschelte. Die Kleine wurde daraufhin immer größer und Angela konnte auch ihren Herzschlag stärker spüren.

Es war eine sehr tiefe Erfahrung für Angela. Sie fragte ihr Kind, welche Farbe es brauche. Es wollte gerne Orange haben. Das CHAKRA-BEWUSSTSEINS-ÖL ORANGE hilft bei der Entwicklung von Lebensfreude und Kreativität. Also gab ich das ORANGE-ÖL zur Heilung und Harmonisierung für ihr Kind in ihr Herz.

Das Mädchen wurde immer strahlender und war als pure LEBENSKRAFT und LEBENSFREUDE für Angela spürbar. Es war die LEBENSFREUDE, die ihr im Leben fehlte. Das Mädchen bat Angela darum, dass diese ihre Aufmerksamkeit auf die schönen Dinge im Leben lenken und mehr Zeit mit Dingen verbringen solle, die ihr Freude bereiteten.

Ich klärte Angela darüber auf, wie wichtig es sei, dass sie auch nach unserer Sitzung mit diesem lebensfrohen Mädchen in ihrem Herzen Kontakt halten solle, um die LEBENSFREUDE vollständig in ihr Leben integrieren zu können.

Für mich zeigte diese Sitzung wieder einmal, dass die Seele einfach nur einen sicheren und heiligen Raum braucht, indem sie sich offenbaren kann. Angela hatte nichts von Seelenrückholungen oder Kindheitsanteilen gewusst, die man kontaktieren kann. Sie hatte erwartet, dass ich an ihr energetisch arbeiten würde und sie sich hinterher besser fühlen würde. Das Bild und das Gefühl des kleinen Mädchens, das die Lebensfreude für sie symbolisierte, kam ganz spontan zu ihr. Auch wusste Angela nichts davon, dass Seelenanteile sich wieder in den Körper integrieren konnten. Trotzdem passierte es, als das kleine Mädchen sich ganz ohne meine Anleitung in ihr Herz kuschelte.

Seelenrückholung der Lebenskraft

Nicole hatte immer Beziehungen mit verheirateten Männern. Sie war so unglücklich, als sie mich aufsuchte. Sie hatte Sehnsucht nach einer Partnerschaft, die sie offen leben konnte und die sich nicht versteckt in Hotelzimmern abspielte. Als sie zu mir kam, war sie mit einem Mann zusammen, der sich von seiner Frau nicht trennen wollte. Ihr Verstand wusste, dass sie unter diesen Umständen nicht mit diesem Mann zusammen sein wollte, doch sie brachte es nicht übers Herz, sich von ihm zu trennen.

Bei der Seelenrückholung wurden wir in das Haus ihrer Kindheit geführt. Als wir in das Wohnzimmer kamen, konnte sie ihre Mutter und ihren Vater schon von Weitem streiten hören. Ihr Vater wurde gewalttätig und schlug ihre Mutter. Nicole hatte Angst, in die Wohnung zu gehen, um ihren Seelenanteil zu suchen. Doch ihre Helfertiere, ein Löwe und ein Bär, kamen mit ihr und gaben ihr Kraft. Sie sagte ihrem Vater, dass er ihre Mutter in Ruhe lassen solle. Immer hatte sie es sich gewünscht, doch nie gewagt, es auszusprechen. Sie fühlte sich groß und stark, als sie ihrem Vater Stirn bieten konnte. Dieser wurde in ihrer Wahrnehmung plötzlich ganz klein und verlor jegliche Bedrohung für sie. Sie suchte ihren kindlichen Seelenanteil und fand ein kleines Mädchen im Alter von vier Jahren, das sich unter einem Tisch verkrochen und versteckt hatte. Nicole war erfreut, die Kleine zu sehen und versuchte sie unter dem Tisch hervorzulocken.

Doch das kleine Mädchen blieb sitzen, hielt ihre Augen geschlossen und verhielt sich ganz ruhig. Nicole kam näher zu ihr, berührte ihre Hand und sagte der Kleinen, dass sie doch jetzt aus ihrem Versteck herauskommen könne. Aber die Kleine erwiderte, dass sie sich unter dem Tisch sicher fühle. Wenn sie die Augen schloss und sich ganz ruhig verhielt, konnte sie sich unsichtbar machen und war vor dem Streit der Eltern und dem gewalttätigen Vater geschützt.

Das gleiche Sicherheitsmuster hatte auch die erwachsene Nicole mit ihren Partnerschaften. Sie suchte sich unbewusst Männer aus, die verheiratet waren und mit denen sie keine offene Partnerschaft leben kommt. Sich mit ihrer Beziehung zu verstecken, bedeutete für sie Sicherheit. Unbewusst lebte sie das gleiche Muster, das ihr Seelenanteil, der sich mit vier Jahren abgespalten hatte, durchlebte.

Ich fragte die Kleine unter dem Tisch, was für eine Farbe sie gerne hätte. „Rot", erwiderte sie. Rot korrespondiert mit dem Wurzelchakra. Menschen mit einem ausgeglichenen Wurzelchakra sind gut mit ihrem eigenen Wesen verwurzelt und nehmen ganz natürlich ihren Platz in der Welt ein. Ich gab das CHAKRA-BEWUSSTSEINS-ÖL ROT in Nicoles Aura und sagte dem kleinen Mädchen, dass sie die Farbe Rot tief in sich einatmen solle.

Die Kleine wurde immer kraftvoller und mutiger und kam schließlich unter dem Tisch hervor. Auch bei Nicole war es wichtig, dass sie ihrem kindlichen Seelenanteil ihre Liebe gab. Sie nahm ihr kleines Mädchen in die Arme und beruhigte sie. Ihr Seelenanteil hatte keinen Grund mehr, sich zu verstecken.

Sie lud das kleine Mädchen ein herumzuspringen, neugierig zu sein und sich frei zu fühlen. Die Kleine wurde ganz lebendig und voller Lebensfreude. Sie tollte mit Nicole herum und fühlte sich zum ersten Mal in ihrem Leben nicht eingesperrt, sondern frei.

Nicole konnte jetzt deutlich fühlen, dass sie ein Recht darauf hatte zu leben. Sie musste sich nicht verstecken, sondern durfte sich offen zeigen. Die Lebenskraft dieses Seelenanteils verschmolz mit Nicoles Beinen und Unterleib.

Als ich sie das nächste Mal traf, hatte sie es endlich geschafft, sich von dem verheirateten Mann zu trennen und war offen und zuversichtlich für eine neue Partnerschaft. Doch diese war für sie nicht mehr vorrangig. Sie meldete sich zur schamanischen Ausbildung an, weil sie ihr wahres Wesen entdecken und ihre vollständige Kraft leben wollte.

Seelenrückholung der Herzensliebe

Heute Vormittag kam eine Frau in meine Praxis. Sie hatte alles, was sie sich wünschte: ein schönes Haus, einen tollen Freundeskreis, eine gute Beziehung zu ihren Kindern und sie war frisch verheiratet mit einem Mann, der sie auf Händen trug und sie so behandelte, wie sie es sich immer gewünscht hatte. Ihr Problem war, dass sie all den Reichtum und die Liebe, die sie bekam, nicht fühlen und genießen konnte. Sie fühlte einen schweren Klotz auf ihrem Herzen und konnte sich nicht erklären, woher dieser Klotz kam. Sie fühlte sich häufig von den Menschen getrennt und litt darunter, da sie die Menschen, die sie liebte und die ihr so viel gaben, häufig ungerecht behandelte. So wollte sie nicht sein, doch konnte sie sich auch nicht erklären, warum sie so fühlte.

Intuitiv zog sie von den 14 Chakra-Bewusstseins-Ölen das Fläschchen mit dem ROSA ÖL. Das ROSA ÖL, sowie die Farbe Rosa, ist dem Herzchakra zugeordnet und kann helfen, Blockaden darin zu lösen, und das Herz für Vergebung, Selbstliebe, Liebe und Nähe zu anderen Menschen zu öffnen. Ich gab das ROSA-ÖL vorbereitend in ihre Aura und sie atmete es in ihr Herzchakra ein, bevor wir die schamanische Reise zur Seelenrückholung begannen.

Während der Seelenrückholung kamen wir in Kontakt mit einem kleinen Mädchen, einem zweijährigen Seelenanteil von ihr, der sich jedes Mal, wenn ein neues Geschwisterchen geboren wurde, zurückgesetzt fühlte. Die Frau nahm das zweijährige Kind in den Arm und gab ihm ihre bedingungslose Liebe. Sie sagte ihrem Kind, dass es willkommen und geliebt sei und seinen Platz einnehmen dürfe. Sie drückte es an ihr Herz und ihre Liebe heilte die kleine Kinderseele.

Ihr inneres Bild wandelte sich und aus dem bockigen kleinen Mädchen wurde ein verspieltes und freches kleines Mädchen. Für mich war es sehr berührend, diese Sitzung zu begleiten und zu beobachten, wie diese Frau immer mehr in Kontakt zu ihren Gefühlen bekam. Der ganze Schmerz all der vielen Jahre brach aus ihr heraus und reinigte ihre Seele. Ihr ganzes Leben lang hatte sie immer nur Liebe geben wollen, doch konnte es nicht. Es war eine Offenbarung für sie mitzuerleben, was der Grund für ihre Verschlossenheit war. Erst als sie diesem Seelenanteil ihre Liebe gab, konnte Heilung und Integration geschehen. Das geheilte Kind nahm einen Platz in ihrem Herzen ein und die Frau hatte endlich das Gefühl, nach all diesen Jahren bei sich selbst angekommen zu sein. Sie hatte danach das Bedürfnis, ihre weibliche Seite stärker zu leben, zumal sie ja mit ihrem Traummann frisch verheiratet und überglücklich war, die Liebe ihres Mannes jetzt auch erwidern zu können.

Seelenrückholung des Selbstvertrauens

Jenny hatte wenig Energie, als sie zu mir kam. Sie fühlte eine innere Unruhe. Eine tiefe Unsicherheit und Grundangst war für sie immer spürbar. Sie befürchtete immer das Schlimmste und war daher kontinuierlich in einer inneren Stressspirale gefangen. Daher konnte sie sich auch schlecht entspannen und hatte zudem Schlafstörungen. Jenny fühlte sich nervös und unsicher dabei, auf eine schamanische Reise zu gehen. Schließlich wusste sie nicht, was sie erwarten würde und ich konnte diese tiefe Unsicherheit, die sie schon viele Jahre begleitet hatte, fühlen. Sie hatte Zweifel, ob solch eine Reise für sie überhaupt das Richtige sei. Ich führte sie in die Entspannung und sie wurde merklich ruhiger. Sie erzählte mir später, dass meine Stimme sie sehr beruhigt und ihr Vertrauen gegeben hatte.

Wir starteten ihre schamanische Reise auf einer wunderschönen grünen Wiese. Dort konnte sie Kraft tanken. Eine Elefantendame wartete auf sie und sie gab Jenny das Gefühl von Geborgenheit, Sicherheit und Ruhe. Jenny kletterte auf ihren Rücken und ließ sich voller Vertrauen tragen. Einige Zeit war sie auch für mich nicht ansprechbar.

Das passiert manchmal in tiefer Entspannung, wenn die Gehirnwellen in einen unbewussten Zustand absinken. Meistens laufen in dieser Zeit tiefe Prozesse ab. Als ich wieder mit ihr kommunizieren konnte, erzählte sie mir, dass sie auf dem Rücken des Elefanten eingeschlafen war. Es hatte sich sehr gut für sie angefühlt. Ich fragte sie, ob sie jetzt bereit sei, ihren Seelenanteil zu suchen. Sie bejahte und ließ sich vertrauensvoll von der Elefantendame führen.

Plötzlich fing sie hastig an zu atmen und schrie: „Hilfe". Sie sah ein grelles Licht und bemerkte, dass sie sich in einem Operationssaal befand. Menschen standen um sie herum. Sie war festgebunden und konnte sich nicht bewegen. Jenny konnte sich nur wage daran erinnern, als Kind einmal im Krankenhaus gewesen zu sein. Wir befreiten ihren Seelenanteil von den Fesseln und brachten ihn zurück auf die grüne Wiese. Augenblicklich wurde Jenny wieder ruhiger.

Behutsam ging sie mit ihrem verletzten Seelenanteil in Verbindung. Es war ein kleines Mädchen, acht Jahre alt, das zitternd und weinend auf der grünen Wiese lag. Sie schmiegte sich sofort an Jenny und genoss die Nähe und Liebe, die Jenny ihr geben konnte. Beruhigend sprach Jenny mit ihr. Auch ihr Elefant streichelte das kleine Mädchen mit seinem Rüssel. Lange Zeit blieben beide eng umschlungen auf der Wiese sitzen.

Die Sonne wärmte ihre beiden Körper. Ich fragte das kleine Mädchen, welche Farbe sie bräuchte. Sie wollte gerne die Farbe Violett. Violett ist die Farbe der Transformation, der Heilung und des Loslassens. Es ist eine sehr spirituelle Farbe, die Energien transformieren kann. Ich gab das CHAKRA-BEWUSSTSEINS-ÖL VIOLETT in ihre Aura hinein und leitete sie an, diese Farbe ganz tief einzuatmen und mit dem Einatmen alle belastenden Energien in sich zu transformieren und loszulassen.

Jennys Seelenanteil wurde immer ruhiger und gelassener. Noch immer schmiegte sich das kleine Mädchen an sie heran und genoss es, in den Armen von Jenny zu liegen. Ich fragte sie, ob sie eine weitere Farbe bräuchte und sie wünschte sich Gelb.

Die Farbe Gelb korrespondiert mit dem Sonnengeflecht-Chakra. Es steht für unser Selbstvertrauen und unsere Macht und ist der Sitz unserer inneren Sonne. Wenn Störungen oder Blockaden im Sonnengeflecht-Chakra sind, dann wirkt sich das auf die Vitalität und das Selbstvertrauen aus. Als Jenny im Krankenhaus gefesselt wurde, wurde sie ihrer Macht über sich selbst beraubt. Das Trauma, das sie dabei erlebt hatte, wurde ins Unterbewusstsein verdrängt.

Die tiefe Angst und Unsicherheit, was mit ihr geschehen würde, blieb als Trauma-Energie aktiv ihn ihr bestehen und war verantwortlich für ihre tiefe innere Unruhe, Unsicherheiten und Ängste. Als wir diesen Anteil befreiten und zu ihr zurückholten, konnte sie dieses Kindheitstrauma verarbeiten und die blockierenden Gefühlsenergien transformieren und heilen. Die Farbe Gelb half ihr dabei, die Energieblockaden aus ihrem Sonnengeflecht zu transformieren. Ich leitete sie an, diese Farbe gemeinsam mit dem CHAKRA-BEWUSSTSEINS-ÖL GELB tief einzuatmen, vor allen Dingen in ihr Sonnengeflecht hinein.

Das kleine Mädchen wurde immer lebendiger, machte sich aus Jennys Umarmung frei und rannte ausgelassen auf der Wiese umher. Jenny erzählte mir, wie auch die Wiese sich verändert hatte. Es wuchsen jetzt Blumen in allen verschiedenen Farben.

Die ‚kleine Jenny‘ pflückte einen Strauß bunter Blumen und gab ihn der ‚großen Jenny‘. Diese war gerührt und freute sich mit der Kleinen. Die ‚kleine Jenny‘ sagte ihr, dass sie so gerne mit ihr draußen in der Natur spielen und auch Blumen pflanzen wolle.

Sie wollte eine große Blume pflanzen, die wie eine Sonnenblume aussah, nur mit bunten Blütenblättern. Ich gab ihr ein Samenkorn dafür und sie vergrub den Samen in der Erde. Sie schaute zu, wie aus dem Samen eine Blume wuchs, die immer größer wurde. Diese bunte Seelenblume wuchs bis in den Himmel hinauf. Die kleine Jenny kletterte dann an der Blume in den Himmel hinauf und ruhte sich auf einer Wolke aus.

Daraufhin konnte Jenny fühlen, wie verschiedenfarbige Lichtwellen in ihren Körper eintraten und in ihren gesamten Körper flossen. Sie erzählte mir, wie wunderbar sie sich fühlte, ganz leicht und frei und voller Farben. Sie genoss diese Lichtdusche sehr. Auf diesen Lichtwellen sprang dann das kleine Mädchen in ihren Bauch hinein. Jenny fühlte, wie sich eine wohlige Wärme sich darin ausbreitete. Sie schwebte voller Glück und konnte sich nicht erinnern, wann sie das letzte Mal so viel Leichtigkeit und Freude gefühlt hatte.

Jenny war voller Begeisterung nach dieser Seelenrückholung und erzählte mir, dass sie jetzt endlich auch Kurse besuchen wolle, die sie auf Grund ihrer Unsicherheit nicht gemacht hatte. Sie war voller Freude und Zuversicht.

Seelenrückholung der Kreativität

Kathrin war eine sehr korrekte Frau. Bei ihr zu Hause hatte alles seinen Platz. Sie versuchte immer, alles richtig zu machen und litt sehr unter ihrer zwanghaften Korrektheit.

Bei ihrer Seelenrückholung flog sie auf dem Rücken des Adlers hoch hinauf in den Himmel. Sie empfand diesen Flug als sehr befreiend. Beide flogen höher und höher hinauf, bis sie im dunklen Weltraum angekommen waren. Kathrin fröstelte, so kalt war es dort oben.

Der Adler flog weiter und immer weiter, bis Kathrin einen Planeten unter sich wahrnehmen konnte. Dieser hatte eine Wolkendecke in vielen verschiedenen Regenbogenfarben. Zu meiner Überraschung waren Kathrin diese Farben eher suspekt und sie wollte nicht durch diese hindurch auf den Planeten fliegen. Also flogen sie und ihr Adler eine Zeitlang im Weltraum umher. Ich ermutigte Kathrin, in ihr Herz zu fühlen und zu spüren, ob sie nicht doch durch die farbigen Wolken auf den Planeten fliegen wolle. Nach einiger Zeit willigte sie ein und ihr Adler flog durch die farbige Wolkendecke hindurch auf den Planeten.

Wenn ich einen Menschen auf einer schamanischen Reise begleite, dann reden wir in der Regel immer miteinander und der Klient teilt mir mit, was er erlebt und fühlt. Bis jetzt hatte Kathrin auch mit mir geredet. Nach der Landung auf dem Planeten jedoch war Stille. Ich konnte wahrnehmen, wie es in ihrem Körper und in ihrer Seele arbeitete. Ich fühlte, dass sie diese Zeit brauchte, um wahrzunehmen, was da war. Schlussendlich fragte ich sie, was sie wahrnehmen könnte und ob sie ihren Seelenanteil schon gefunden habe. Fast schon aufgebracht sagte sie mir: „Das gibt es doch nicht. Mein Seelenanteil ist hier. Es geht ihr gut. Sie hat sich ein komplett neues Leben hier aufgebaut. Sie macht alles, was ich mir immer gewünscht habe. Sie malt Bilder, hat ein schönes Haus und kleidet sich farbenfroh. Mein Seelenanteil ist eine Frohnatur. Sie hat jedoch überhaupt kein Interesse, mit mir in mein Leben zu kommen. Sie möchte hier bleiben, an diesem schönen Ort und ich kann es ihr nicht verdenken."

Kathrin war mit ihrem kreativen Anteil in Verbindung gekommen. Jedoch reagierte sie darauf nicht mit Freude, sondern mit Empörung. Sie fühlte sich von dieser kreativen und bunten Frau ungerecht behandelt. Wie konnte ihr Seelenanteil sie einfach verlassen und es sich auf diesem Planeten so gut gehen lassen, während sie auf der Erde „schuften" musste!

Ihr künstlerischer Anteil erklärte Kathrin, dass sie in ihrem tristen und übergenauen Leben keinen Platz habe und deswegen auch gegangen war. Das Leben, das Kathrin führte, machte ihr keinen Spaß und keine Freude. Deswegen sei sie auch an einen schöneren Ort gegangen.

Wir versuchten, mit ihrem Seelenanteil zu verhandeln, was gar nicht einfach war. Ihrem Seelenanteil waren Farben sehr wichtig und sie wollte gerne in einem farbenfrohen und fröhlichen Haus wohnen. Außerdem wollte ihre Künstlerin gerne Bilder malen. Kathrin musste ihrer kreativen Frau das alles versprechen, bevor sie einwilligte, mit ihr zu verschmelzen.

Seelenrückholung der Naturseele

Es freut mich sehr, dass in letzter Zeit auch vermehrt Männer in unsere schamanischen Ausbildungen und zu den schamanischen Einzelsitzungen und Workshops kommen. Es scheint mir, dass viele Männer für diese Art Spiritualität einen besonderen Zugang haben und sich leichter dafür öffnen können, als für andere Formen der Spiritualität.

Dirk kam zu mir. Nicht etwa, weil er ein Problem hatte, sondern weil ihn der Schamanismus interessierte und er gerne die Erfahrung einer schamanischen Reise machen wollte. Er wollte sein Krafttier kennenlernen und schauen, „was sonst noch so auf ihn wartete."

Als Dirk in die Untere Welt kam, konnte er seinen Wolf schon von weitem auf einem Berg im Mondlicht stehen sehen. Er spürte sofort die Verbindung zu seinem Krafttier. Es war, als ob der Wolf schon auf ihn gewartet hätte.

Dirk fühlte eine tiefe Vertrautheit mit ihm. Gemeinsam gingen sie in einen tiefen und finsteren Wald. Dieser war sehr mystisch und fast schon unheimlich für Dirk. Er kam an eine Lichtung und hatte das Bedürfnis, sich auf Mutter Erde zu knien und zu beten.

Als er das tat, bewegte sich die Erde auf dem Waldboden und eine Silhouette kam aus dem Erdboden hervor. Es war ein Seelenanteil, der alleine im Wald lebte und diesen gut kannte. Dirk liebte es, mit seinem Seelenanteil durch den Wald zu laufen, die weichen Blätter unter den Füßen zu spüren, die Waldluft zu atmen und die Tiere des Waldes zu beobachten. Sein Wolf war die ganze Zeit bei ihm und begleitete ihn.

Dieser alte und weise Seelenanteil hatte etwas Geheimnisvolles an sich. Er lebte im Einklang mit der Natur, achtete und schätzte sie und war mit dem gesamten Wald verbunden. Dirk erlebte mit seinem Seelenanteil eine tiefe innere Stille und Verwurzelung.

Dieser weise alte Seelenanteil, der großes Wissen und Weisheit über die Natur hatte, war von Dirk gegangen, als dieser sich von der Natur entfernt hatte. Er wollte sich auch nicht in seinen Körper integrieren, sondern gab Dirk zu verstehen, dass er ihn erst kennenlernen und ihm vieles über den Wald und die Natur lehren wolle.

Dirk solle öfters mit ihm Kontakt aufnehmen, mehr in sich ruhen, vertrauen, Geduld haben und zurück zu seinem Ursprung kommen.

Das waren klare Aussagen von seinem Seelenanteil, von dem Dirk einiges lernen konnte. Auch sein Krafttier, der Wolf, wollte ihm dabei helfen und ihn begleiten.

Nach der Seelenrückholungsreise erzählte mir Dirk, dass diese Erfahrung für ihn sehr real gewesen war und er Zugang zu etwas ganz Ursprünglichen bekommen habe, das ihn jetzt immer begleiten werde.

Seelenrückholung von Verbundenheit

Jede Seelenrückholungen ist anders und immer ganz besonders. Die Seelenrückholung von Melissa zeigt, wie Erfahrungen aus einem vergangenen Leben einen Seelenverlust und eine tiefe Trennung zu ihrer Familie bewirkte.

Während ich bei Rückführungen meine Klienten in die ursächliche, meist traumatische Situation führe, ist es bei einer Seelenrückholung nur in wenigen Fällen so. In vielen Fällen findet man das Seelenlicht, das verloren gegangen ist, in anderen Welten und nicht in der ursprünglichen Situation. Das ist der Grund, warum ich diese Methode so liebe und wertschätze. Wenn es für die Seele nicht wichtig ist, muss man nicht in der Vergangenheit graben. In Melissas Seelenrückholung kann man nur erahnen, was geschehen sein muss.

Der Kraftplatz von Melissa war eine Insel. Am anderen Ufer stand ein Holzhaus und Melissa konnte Menschen sehen, von denen sie getrennt war. Sie fühlte sich nicht wohl auf ihrer Insel und wollte gerne zu den Menschen gelangen. Ein Delfin kam, der sie zu den Menschen tragen sollte. Sie hielt sich an den Flossen des Delfins fest, doch sie gelangten in einen schwarzen Strudel, von dem sie sich nicht befreien konnten. Ein Wal kam ihr zur Hilfe und trug sie zu dem Haus am anderen Ufer. Als sie in das Haus kam, war der Tisch zwar gedeckt, das Haus jedoch war leer. Niemand war da, den sie begrüßen konnte. Sie fühlte sich enttäuscht und einsam. Diese Seelenbilder offenbarten den seelischen Zustand Melissas. Sie zeigten ihre tiefe Trennung und Isoliertheit zu anderen Menschen, die sie durch Anstrengung und gute Absichten alleine nicht aufheben konnte.

Die nachfolgende Reise zeigt, wie dieser Zustand der Trennung aufgehoben wurde. Ein Adler kam und brachte Melissa zu einem alten Kirchengemäuer. Als sie in die Grotte der Kirche ging, gruselte es sie und sie fühlte Angst. Sie sah sich um und sah eine alte Kiste, um die Knochen herumlagen. Wir ließen göttliches Licht an diesen Ort fließen, um ihn von den alten Energien zu reinigen. Melissa fühlte, wie sich die Energien im Raum veränderten und sie sich damit auch leichter fühlte. Am anderen Ende des Raumes stand eine geheimnisvolle Schatztruhe. Als sie diese öffnete, kam ihr ein goldener Lichtwirbel entgegen und Wellen wohliger, goldener Energie durchströmten ihren Körper, der sich immer vollständiger und kraftvoller anfühlte.

Die alte Kiste, die ihr Angst eingejagt hatte, übte weiterhin eine starke Anziehung auf sie aus. Sie wollte diese Kiste daher näher untersuchen und öffnete sie. In ihr befanden sich diverse Waffen, Foltergeräte und ein Seil. Melissa fühlte starke innere Widerstände und wollte diese Dinge nicht berühren. Daher bat sie Erzengel Michael, die Kiste für sie zu entsorgen.

Obwohl Erzengel Michael die Kiste von dem Ort entfernte, hatte Melissa weiterhin Angst, dass sie zurück kommen könnte. Ich bekam die Eingabe, dass es sich um eine alte Verbindung aus einem vergangenen Leben handelte und als wir weiter forschten, fand Melissa heraus, dass sie noch durch ein Gelübde an die Kirche gebunden war. Dieses konnte sie auflösen und die Harmonie wiederhergestellt werden.

Ich gab das CHAKRA-BEWUSSTSEINS-ÖL SILBER in ihre Aura und wir baten den SILBERNEN STRAHL DER GNADE, alles Karma in ihrem Energiekörper aufzulösen, das mit der Kirche, der Truhe und den darin befindlichen Folterinstrumenten zusammenhing.

Danach fühlte sich Melissa gereinigt. Alles in der Grotte war hell und licht geworden. Ich fragte, welche Farbe dieser Ort noch brauche und die Antwort war: Gold. Ich gab das CHAKRA-BEWUSSTSEINS-ÖL GOLD in das Feld und bat Melissa, das Öl einzuatmen und zu visualisieren, wie das goldene Licht diesen Ort komplett auffülle, reinige und transformiere. Danach fühlte sich Melissa vollständig und glücklich.

Vor der Kirche wartete der Adler auf sie, der sie zurück zum Haus flog, das sie anfangs besucht hatte. Als sie in das Haus ging, saßen ihre Geschwister und ihre Eltern am gedeckten Tisch und freuten sich, Melissa zu sehen. Melissa musste weinen und war sehr glücklich, endlich mit ihnen zusammen zu sein.

Aus dem rustikalen Tisch im Esszimmer war ein Festtagstisch geworden. Alle Familienmitglieder aßen, tranken und feierten gemeinsam. Melissa war überglücklich.

Erst jetzt erzählte sie mir, dass sie keinen Kontakt mehr zu ihrer Familie pflegte und war überrascht, wie sehr das ihre Seele belastet hatte.

Nach ihrer Seelenrückholung hatte sie nun den Wunsch, Kontakt mit ihrer Familie aufzunehmen. Sie verstand, warum sie zeitlebens eine Abneigung gegen die Kirche gehabt hatte und nahm sich vor, einmal wieder in eine Kirche zu gehen, um dieses Thema für sich ganz loslassen zu können.

Seelenrückholung des Vertrauens

Katharina hatte starke Magenprobleme als sie zu mir kam und war diesbezüglich auch schon zweimal im Krankenhaus gewesen. Keine Therapie schien ihr zu helfen. Sie hatte mein Buch ‚Clearing – Befreiung der Seele ins Licht' gelesen und erhoffte, durch ein Clearing ihre Beschwerden zu mildern. Mehrere ihrer verstorbenen Familienmitglieder hatten zu Lebzeiten Magenkrebs gehabt und übertrugen ihre Beschwerden auch auf sie. Diese konnten wir während einer Clearing-Sitzung befreien.

Als Katharina zu einer zweiten Sitzung kam, berichtete sie mir ganz glücklich, dass die Magenbeschwerden besser geworden seien und sie sich nach dem Clearing viel mehr bei sich angekommen fühle. Es war eine sehr beeindruckende und befreiende Erfahrung für sie gewesen.

Vor ein paar Wochen jedoch, sei sie bei einer Geistheilerin gewesen. Seitdem bekam sie regelmäßig Panikattacken. Katharina war vom Beruf Lehrerin und liebte ihre Arbeit mit den Kindern. Sie war immer gerne in die Schule zum Unterrichten gegangen. Nachdem sie bei der Geistheilerin gewesen war, bekam sie Ängste und Panikattacken, bevor sie zum Unterrichten ging. Ebenso, wenn sie sich mit ihrer Familie oder mit ihren Bekannten treffen wollte. Das konnte sie sich nicht erklären.

Es war eine diffuse und wage Angst, die für sie nicht nachvollziehbar war. Die Ängste wurden so schlimm, dass sie sich krank schreiben lassen musste. Während der Panikattacken wurden ihre Hände kalt, ihr Herz raste, ihr wurde übel und sie bekam Durchfall. Sie hatte dadurch auch an Gewicht verloren.

In der letzten Zeit hatte sie einige prägende Träume gehabt, die sie vermuten ließen, dass die Ängste aus einem vergangenen Leben stammen mussten. Also einigten wir uns darauf, eine Timeline-Rückführung zu machen.

Mit der Timeline-Rückführung kann man prägende Gefühlsinhalte und traumatische Erfahrungen aus vergangenen Leben lösen. Als ich Katharina zum ursächlichen Ereignis ihrer Ängste führte, sah sie ein großes Schlachtfeld und sie fühlte große Traurigkeit.

Auf einer Anhöhe sah sie einen Mann stehen, der auf etwas aufmerksam machen wollte. Doch niemand hörte auf ihn. Dieser Mann war Katharina in einer vergangenen Inkarnation. Er wollte die Menschen warnen und war frustriert und unglücklich, dass niemand ihm zuhörte.

Als wir ihn aus dem Schlachtfeld befreien wollten, konnte er sich nicht von dieser Situation lösen, denn er wollte den Menschen etwas mitteilen, um sie zu retten. Er fühlte sich deprimiert, frustriert, hilflos und traurig. Dieses Ereignis aus einem vergangenen Leben erklärte, warum Katharina immer dann Panik bekam, wenn sie mit einer Gruppe Menschen zu tun hatte. Die Menschen aktivierten eine alte Erinnerung und die dazugehörigen Gefühle in ihr. Es ist auch möglich, dass sie sich aus diesem unbewussten Grund dafür entschieden hatte in ihrem jetzigen Leben Lehrerin zu werden, denn als Lehrerin hörten die Schüler ihr zu.

Im Laufe der Sitzung kam heraus, dass Katharinas damaliges Selbst seine Frau und Kinder auf dem Schlachtfeld verloren hatte. Er hatte starke Schuld- und Angstgefühle, da er sie nicht beschützen konnte. Es waren diese Gefühle, die bei Katharina die Panik auslösten.

Damals waren auch tiefe Überzeugungen entstanden, die sich bis in Katharinas jetziges Leben auswirkten. Das Gefühl „Mir kann keiner helfen" und „Ich schaffe das nicht!" kannte sie zu gut.

Während der Sitzung konnte Katharinas Seelenanteil, der das damals erlebt hatte, alle Ängste, Schuldgefühle und Glaubenssätze auflösen und loslassen.

Als das vollendet war, verwandelte sich der Mann vor Katharinas innerem Auge in ein kleines unschuldiges Baby. Katharina nahm das Baby in ihre Arme und ging eine tiefe Verbindung mit ihrem Seelenanteil ein. Dieser kuschelte sich in ihr Herz und ihren Bauch . Sie fühlte sich glücklich, erfüllt und ganz.

Einige Wochen danach meldete sich Katharina bei mir um mir mitzuteilen: „Meine Ängste sind viel besser geworden, vor allem diese vage Angst, die nicht leicht zu fassen war. Und ich merke, dass der Seelenanteil größer geworden und auch so geblieben ist. Er geht jetzt bis zum Hals hoch und ich empfinde ihn jetzt so, als ob er vom Baby, das ich in der Sitzung an mich genommen habe, zum Kleinkind wurde."

Seelenrückholung der kindlichen Freude

Franziska war Therapeutin und arbeitete selbst schamanisch. Sie hatte auch schon viele schamanische Reisen unternommen und die Methode der Seelenrückholung war ihr nicht fremd. Sie erzählte mir, dass sie Kinder hasste. Selbst hatte sie keine Kinder, doch ihr Lebensgefährte hatte eine kleine Tochter, die manchmal zu Besuch kam. Als Kind wurden sie und ihre Brüder grundlos vom Vater verprügelt. Auch wenn sie weinte, wurde sie geschlagen. Ihre Mutter ordnete sich dem Vater unter. Franziska sollte auf Wunsch des Vaters ein Junge werden und er ließ sie deutlich spüren, dass sie als Mädchen nicht erwünscht war. Mit 16 Jahren zog sie von zu Hause aus und obwohl ihr Vater schon verstorben war, übte er lange Zeit noch eine starke Wirkung auf sie aus. Nach seinem Tod hatte auch sie Todessehnsucht und da sie das schamanische Reisen beherrschte, unternahm sie eigenständig eine Seelenrückholungsreise, um den Seelenanteil, der noch bei ihrem Vater war, zurückzuholen. Trotz ihrer schamanischen Arbeit fühlte sie sich jedoch immer noch nicht vollständig und kam alleine nicht an das Thema heran, das sie innerlich noch sehr belastete. Sie wünschte sich während ihrer schamanischen Reise Unterstützung von mir.

An ihrem Kraftplatz warteten ihre Krafttiere auf sie, ein schwarzer Jaguar und ein weißer Hirsch. Beide Tiere kannte Franziska gut und sie führten diese durch Wiesen und Wälder, bis sie an eine Höhle kamen. Vor der Höhle stand ein Mann, der sehr bedrohlich auf Franziska wirkte. Sofort standen ihr Jaguar und ihr Hirsch an ihrer Seite und sagten dem Mann, er solle den Gang zur Höhle frei machen. Der Mann wollte nicht gehen. Franziska fühlte sich wieder wie damals, als ihr Vater sie schlug und wollte schon wieder entmutigt umkehren.

Ich machte sie auf ihre eigene innere Seelenkraft aufmerksam und fragte sie, ob sie diesem Mann die Macht über sich geben oder ob sie für sich einstehen wolle. Ich ermutigte sie, dem Mann zu sagen, dass er sie in Ruhe lassen und aus dem Weg gehen solle.

Als sie das tat, löste der Mann sich in Luft auf und der Eingang zur Höhle wurde frei. Es war ihre eigene Angst gewesen, die den Mann groß und stark erscheinen ließ. Als sie den Mut hatte, ihrer Angst in die Augen zu sehen und mutig ihre Wahrheit zu sprechen, löste sich diese auf.

Während Franziskas Hirsch vor der Höhle wartete, ging sie mit ihrem Jaguar in diese hinein. Alles war dunkel und sie beschloss, ein Feuer in der Höhlenmitte zu machen. Das brachte ein bisschen Licht in die Höhle und sie konnte ganz hinten eine schattenhafte kleine Gestalt erkennen, die sich versteckte. Behutsam ging sie auf die Gestalt zu und wusste, dass dies ihr Seelenanteil war.

Der Seelenanteil hatte Angst und kauerte sich in die Ecke. Schemenhaft konnte Franziska eine ganz junge weibliche Energie wahrnehmen - ein kleines Mädchen von etwa ein bis zwei Jahren. Sie sprach sanft und liebevoll zu ihr, um ihr Vertrauen zu gewinnen. Das kleine Mädchen war misstrauisch und versteckte sich.

Franziska bat sie, ans warme Feuer zu kommen, um sich zu wärmen. Ihr Seelenanteil kam ein wenig näher an das Feuer heran, blieb aber in sicherer Entfernung stehen. Franziska redete weiter freundlich und voller Liebe mit der Kleinen. Das innere Bild ihres Seelenanteils verwandelte sich daraufhin von einem Baby zu einem kleinen Mädchen von etwa vier Jahren. Ich rief eine Katze für das Mädchen. Sie nahm das Kätzchen in ihre kleinen Arme und schmiegte sich an das weiche Fell. Erst dann konnte sie noch näher ans Feuer herankommen. Franziska redete weiterhin liebevoll und behutsam mit ihr. Sie wollte das Mädchen berühren, doch dieses schreckte zurück.

Franziska fragte sie, ob sie ihr die Haare kämmen dürfte, was sie auch erlaubte. Die Kleine genoss es sehr, ihre Haare gekämmt zu bekommen. Franziska erinnerte sich, dass sie von ihren Eltern immer das Gefühl vermittelt bekommen hatte, dass sie als Mädchen nicht erwünscht war. Demnach musste sie ihre langen Haare immer streng zu einem Pferdeschwanz zusammenbinden. Daher genoss die Kleine das Haarekämmen sehr.

Franziska sagte ihr, wie schön ihre Haare seien und was für ein schönes Mädchen sie wäre. Je mehr sie mit der Kleinen redete, desto leuchtender und zutraulicher wurde sie, bis sie irgendwann in den Armen von Franziska lag und die Umarmung genoss. Franziska vermittelte ihr, dass sie ein wunderschönes Mädchen sei und keine Schuld daran habe, dass der Vater sie immer geschlagen hatte. Sie habe alles richtig gemacht.

Während Franziska ihren kindlichen Seelenanteil in den Armen hielt, wurde dieser immer älter. Als das kleine Mädchen acht Jahre alt war, fragte sie, ob sie jetzt alles machen dürfe, was sie wolle. Sie wollte spielen, pflanzen und musizieren. Franziska versprach ihr, dass sie alles tun dürfe, was ihr Spaß mache.

Dieses kleine Mädchen war unschuldig und voller kindlicher Freude. Sie war glücklich, endlich ein Mädchen sein und all das tun zu dürfen, was kleine Mädchen in der Regel so tun. Sie war bereit, zurück zu Franziska zu kommen und hüpfte in ihren rechten Arm hinein.

Franziska fühlte sich vollständiger und voller Licht, als wir die Seelenrückholung beendeten. Wochen später rief Franziska mich an,
und erklärte mir, wie wichtig diese Reise für sie gewesen war. Sie
sei jetzt ein anderer Mensch und habe ein ganz neues Lebensgefühl.
Sie kleide sich inzwischen auch gerne weiblich und sei zum ersten
Mal in ihrem Leben richtig glücklich, eine Frau zu sein.

Seelenrückholung der kindlichen Unschuld

Gerlinde wurde als Baby oft alleine gelassen, während ihre
Eltern auf dem Feld arbeiten gingen. Sie schrie in ihrem Bettchen
oft stundenlang. Daher hatte sie bis zum heutigen Tag das Gefühl,
dass niemand sich für sie interessierte, egal wie sehr sie sich
anstrengte. Als Kleinkind wurde sie von ihrem Vater sexuell missbraucht. An Einzelheiten konnte sie sich nicht erinnern, nur an die
Ekelgefühle, die sie ihrem Vater gegenüber empfand. In der Therapie mit einem anderen Therapeuten waren zwar einige Erinnerungen und Gefühle hochgekommen, jedoch nichts Konkretes. Sie
wusste allerdings, dass der Missbrauch sich mit ca. zwei Jahren
ereignet haben musste. Wir konnten also davon ausgehen, dass sich
zu dem Zeitpunkt Seelenanteile abgespalten hatten.

In einer vorangegangenen Clearing-Sitzung konnte sie mit der
Seele ihres Vaters in Verbindung treten, ihm vergeben und ihn in
Liebe loslassen. Danach war ihr Kopf viel leichter und sie hatte
mehr Lust, etwas zu unternehmen. Vor der Clearing-Sitzung hatte
sie immer unterschwellig gefürchtet, keine Daseinsberechtigung zu
haben, ähnlich einem „blinder Passagier" auf einem Schiff. Dieses
Gefühl sei nach der Clearing-Sitzung vollkommen verschwunden
gewesen.

Wir verabredeten uns zu einem weiteren Seelenrückholungstermin. Zu diesem kam sie mit großen Unsicherheiten. Sie hatte Angst, dass diese Methode bei ihr nicht funktionieren würde.

Wir sprachen darüber, dass es in ihrem Leben häufig so sei, dass sie auf „Nummer sicher" gehen musste und ihr das Selbstvertrauen für spontane Entscheidungen fehlte. Sie bat mich, für sie schamanisch zu reisen, um ihre Seelenanteile zurückzuholen. Ich klärte sie darüber auf, wie wichtig es sei, persönlich mit den Seelenanteilen in Verbindung zu treten und in Eigenverantwortung zu handeln und ich deswegen nicht für sie reisen würde.

Intuitiv zog sie das CHAKRA-BEWUSSTSEINS-ÖL GELB für ihre Reise. Das GELB-ÖL kann dabei helfen, das Sonnengeflecht zu aktivieren und Blockaden daraus zu lösen. Themen, die mit dem Sonnengeflecht-Chakra zusammenhängen, haben meistens mit Machtmissbrauch zu tun, was in ihrem Fall sehr passend war. Wenn das Sonnengeflecht in seiner natürlichen Schönheit und Harmonie schwingt, kann der Mensch voller Selbstvertrauen und Optimismus seinen Weg gehen. Ich gab das Öl in ihre Aura, um die schamanische Reise auch energetisch zu unterstützen.

Immer noch leicht verunsichert begann sie ihre schamanische Reise. Ich begleitete sie auf ihren Kraftplatz, der sich an einem wild-romantischen Ort im Gebirge befand. Sie konnte ihn mir mit allen Einzelheiten beschreiben.

An einem hohen Berg links von ihr konnte sie eine Quelle sehen, die aus dem Berg nach unten in einen Bach floss und in einen kleinen See mündete. Auf der anderen Seite sah sie eine Schlucht. Es war ein kuscheliges Plätzchen, auf dem sie sich sehr wohl fühlte. Sie rief einen Bären und einen Schwan zur Hilfe. Der Bär gab ihr das Gefühl von Schutz und Stärke. Die majestätische Kraft des Schwanes war vermutlich ein Hinweis ihrer Seele, die sich nach Macht und Selbstbewusstsein sehnte. Der Schwan blieb an ihrem Kraftort, während der Bär sie begleitete, um ihren abgespaltenen Seelenanteil zu finden.

Gemeinsam liefen sie die Schlucht entlang, bis sie an einen Sandstrand kamen. Auf ihrer rechten Seite lag das Meer, auf der linken ragten die Klippen der Berge hervor. Immer wieder zeigte sie sich angesichts der weiteren Reise unsicher.

Ich versuchte, ihr Vertrauen in ihre eigene Wahrnehmung zu geben. Danach konnte die Reise weitergehen. Das Land wurde flacher und sie kam an eine grüne Wiese. Auf dieser war ein Bauerndorf. Die Häuser waren mit Stroh bedeckt, wie man es häufig in England oder Irland sieht. Etwas abseits davon stand ein Haus mit einem Brunnen davor. Es war dunkel, als sie dort hineinging und sie erkannte, dass es sich um einen Stall handelte. Etwas Licht fiel vom Dach des Hauses hinein und sie sah Maria und Josef im Heu sitzen, gemeinsam mit einem Ochsen und einem Esel. Vor ihnen im Heu lag ein Kind.

Ihr bewusster Verstand empfand diese Szene als sehr sonderbar und „kitschig", doch ich konnte fühlen, wie dieses Bild etwas in ihr bewegte und sie tief berührte. Während der Verstand immer noch skeptisch bezüglich dieses Bildes war, fing das Herz an zu weinen und erkannte, dass es sich um einen sehr frühkindlichen Seelenanteil handelte.

Als sie Maria und Josef für deren Fürsorge dankte, legte Mutter Maria das Baby in Gerlindes Arme. Ich unterstützte sie darin, ihr Baby anzunehmen und ihm zu sagen, wie sehr sie es liebte.

Da Gerlinde als Baby in ihrem Bettchen auch oft stundenlang schrie und das Gefühl hatte, ein „Niemand" zu sein, nahm Gerlinde das Baby ätherisch und fast durchsichtig wahr. Als sie diesem mitteilte, dass es genauso wichtig wie das Jesus-Kind in der Grippe sei, konnte Gerlinde plötzlich ein weiteres anderthalbjähriges Kleinkind neben dem Baby wahrnehmen. Dieses Kleinkind sah sehr abgekämpft aus. Sein Alter war in etwa das Alter, an dem der sexuelle Missbrauch stattgefunden haben musste.

Ein großer grauer Vogel kam in dem Moment panisch und fluchtartig angeflogen. Er floh vor einem Riesen, der altertümlich gekleidet war und wirkte fast wie eine Zeichentrickfigur. Gerlinde wunderte sich, denn der Riese wirkte nicht bedrohlich, sondern lächelte sie freundlich an. Er legte ihr eine goldene Kugel ins Herz. Gerlinde wunderte sich über diesen grauen Vogel, der mit seinen langen Beinen fast wie ein Storch aussah und sie erkannte, dass es sich bei ihm um einen Jungvogel handelte, der noch nicht fliegen konnte.

Als sie sich mit dem Baby im Arm zu dem anderthalbjährigen Kleinkind herunterbeugte, verschmolzen beide Kinder miteinander und wurden zu einer Person. In dem Moment wurde auch der Jungvogel zu einem ausgewachsenen Storch. Diese Verwandlung zeigt einen seelischen Heilungs- und Wachstumsprozess, der in dem Moment geschah, als beide Kindheitsanteile miteinander verschmolzen.

Nie hätte Gerlinde etwas Vergleichbares erleben können, hätte ich ihren Seelenanteil einfach für sie zurückgeholt. Nie hätte sich die Transformation auf ihre ganz eigene und individuelle Weise entfalten können. Es konnte eine seelische Heilung des Traumas stattfinden, ohne dass Gerlinde noch einmal das Kindheitstrauma durchleben musste. Der Riese war Symbol für ihre kindliche Angst vor der Übermacht anderer. Das zeigte sich darin, dass der Jungvogel „panisch hereingeflogen kam", wie es Gerlinde wortwörtlich ausdrückte, als jener vor dem Riesen floh.

Gerlinde, als erwachsene Frau, hatte keine Angst mehr vor dem Riesen. Daher lächelte er sie auch an. Als kleines Kind hatte sie ihre Macht an andere abgegeben und diese bekam sie in Form einer goldenen Kugel vom Riesen wieder zurück. Gerlinde war erstaunt über diese inneren Bilder und ich versuchte, ihr deren Bedeutung zu erklären. Auf der einen Seite konnte Gerlinde ihren Verstand wahrnehmen, der immer wieder an den Bildern zweifelte und auf der anderen Seite fühlte sie ihre Seele, die durch diese inneren Bilder zutiefst berührt wurde.

Nach der Verschmelzung beider Kindheitsanteile hatte Gerlinde das Bedürfnis, mit ihrem Mädchen auf dem Rücken des Storches zu reiten. Dieser erhob sich in die Lüfte und brachte sie auf einen Aussichtspunkt, auf dem sie einen freien Blick ins Tal hatten. Dieses innere Bild zeigte den Wunsch ihrer Psyche und Seele, sich befreien zu wollen. Ich bat Gerlinde, nochmals mit dem kleinen Mädchen in Kontakt zu gehen. Dieses hatte sich inzwischen wieder verändert und war erneut etwas älter geworden. Gerlinde erzählte mir voller Freude, dass die Kleine voller Tatendrang, spielerischer Freude und Selbstvertrauen war. Sie sprang umher und Gerlinde konnte ihr kaum folgen, so unbeschwert und kraftvoll war dieses Mädchen. Gerlinde hatte ihren Seelenanteil gefunden, der „freudig ins Leben hinein sprang." Dieser Seelenanteil lebte spontan und voller Begeisterung, ohne jeden Zweifel und ohne jede Sicherheit. Als Gerlinde das Mädchen fragte, was es von ihr bräuchte, gab sie zu verstehen, dass sie weder ausgebremst, noch übermäßig behütet werden möchte. Dieser Seelenanteil wollte frei sein. Ich nahm an, dass diese Seelenrückholung damit abgeschlossen war und Integration stattfinden konnte. Jedoch zeigte Gerlindes mutiges Mädchen auf eine Schotterstraße und wurde sehr nachdenklich. Das war ein Zeichen dafür, dass es auf dieser Straße noch etwas für Gerlinde zu erledigen gab. Was genau, das wussten wir nicht.

Das Mädchen wartete, während Gerlinde den Schotterweg entlang lief, bis sie an einen halbhohen Felsen kam, auf dem ein graues Haus stand. Gerlinde ging hinein und erlebte diesen Stall als dunkel und unangenehm. An einer Ecke dieses Stalles fühlte sie sich gar nicht wohl. Jener erinnerte sie an „schäbigen" Sex und ihren eigenen Missbrauch. Ich fragte sie, ob sie den Stall säubern wolle, was sie gerne machte. Als erstes jagte Gerlinde die Schafe aus dem Stall, dann schnappte sie sich einen Schubkarren und reinigte den Stall von all dem Mist, der sich darin befand. Auch das Dach empfand Gerlinde als sehr bedrückend und sie bat den Riesen um Hilfe. Dieser kam sofort und deckte das Dach ab, zerkleinerte das Holz und warf es ins Meer. Danach installierte ich eine Lichtsäule an diesem Ort, damit der Stall von allen schweren Energien gereinigt werden konnte. Für Gerlinde war das sehr wohltuend und der Stall wurde hell und freundlich. Ihr Mädchen kam jetzt auch angetanzt, spielte in dem Heu, warf das Stroh in die Luft und sprang freudig darin herum. Jetzt hatte Gerlinde das Gefühl, dass alles aus ihrer Missbrauchserfahrung transformiert worden war. Das kleine Mädchen sprang in ihren Körper hinein. Gerlinde konnte es sehr stark in ihrem Bauch- und Brustbereich fühlen, doch sie fühlte auch, dass es noch nicht ganz integriert war und dies einige Zeit in Anspruch nehmen würde. Ich erklärte ihr, dass es jetzt besonders wichtig sei, regelmäßig mit diesem Mädchen Kontakt aufzunehmen und ihm die Chance zu geben, durch Gerlindes Körper zu leben, um sich ganz integrieren zu können.

Seelenrückholung der Sensitivität

Thorsten kam zu einer Seelenrückholung-Einzelsitzung zu mir, da er darüber in meinem Buch ‚Schamanismus der Seele' gelesen und das Gefühl hatte, dass ihm Anteile seiner Seele fehlten. Seine schamanische Reise hat auch eine Symbolebene, die ich an dieser Stelle gerne näher ausführen möchte.

Um zu seinem Kraftplatz in der Unteren Welt zu gelangen, zeigte sich in Thorstens schamanischer Reise eine Brücke, über die er in die Anderswelt gelangen konnte. Die Brücke ist ein universelles Symbol für das Wechseln der Welten und der Veränderung des Bewusstseins- und des Wahrnehmungszustandes. Thorsten überquerte die Brücke und kam an einen dichten, dunklen Wald.

Der Wald symbolisiert in der Psychologie und im Märchen das Unbewusste des Menschen, über das er keinen bewussten Zugang oder Wissen hat. Thorsten musste immer tiefer in den Wald hineingehen, ehe er an seinem Kraftplatz angekommen war. Dieser war eine wunderschöne Waldlichtung. Das Gras war saftig grün und wilde Blumen blühten auf der Wiese. Ein Schwarm Schmetterlinge begrüßte ihn. Thorsten konnte damit zunächst wenig anfangen. Ich erklärte ihm, dass Schmetterlinge auch Kraft- und Helfertiere sein können.

Der Schmetterling, der als Raupe geboren wird, sich verpuppt und sich schließlich zum Schmetterling verwandelt, trägt die Kraft der Transformation und des Bewusstseinswandels in sich. Gleichzeitig vermittelt der Schmetterling Leichtigkeit und Freude. Für Thorsten war nicht nur einer, sondern an ganzer Schwarm Schmetterlinge gekommen, um ihm zu helfen, seinen Seelenanteil zu finden. Sie flogen vorweg und Thorsten folgte ihnen. Als sie in die Lüfte flogen, wollte Thorsten gerne mit ihnen fliegen. Ich erklärte ihm, dass die Gesetze in der Anderswelt anders seien als in unserer stofflichen Welt. Auf dieser Ebene des Geistes ist es möglich, sich Kraft der Vorstellung Flügel wachsen zu lassen. Thorsten ließ sich daraufhin große Flügel wachsen und erhob sich mit den Schmetterlingen in die Lüfte.

Er erzählte mir, wie leicht, frei und glücklich er sich dabei fühlte und wie ihm das in seinem Leben fehlte. Ich wusste, dass alleine durch diesen Akt des „Flügelwachsenlassens" auch in seiner Seele Flügel wuchsen, die ihn über das Leben, das er jetzt führte, hinausführen konnten. Er folgte den Schmetterlingen hoch in die Lüfte und flog über Wiesen, Berge und Felder, bis er tief unter sich einen Wald liegen sah. Die Schmetterlinge flogen auf diesen Wald zu und er folgte ihnen. Als Thorsten auf dem Waldboden aufsetzte, sah er eine Wolke.

Die Bilder, die einem Menschen in der Anderswelt begegnen, sind nicht immer gleich verständlich. Erst indem man sich mit den inneren Bildern auseinandersetzt, ist es möglich, die Botschaft der Seele und der geistigen Welt darin zu begreifen. Wolken symbolisieren meistens blockierende Energien eines Menschen, die sein Bewusstsein vernebeln können.

Tatsächlich stellte es sich heraus, dass es sich bei der Wolke um eine Person handelte, die er einmal sehr geliebt hatte. Wie ich in meinem Buch ‚Clearing: Befreiung der Seele ins Licht' beschrieb, kommt es sehr häufig vor, dass verstorbene Seelen sich noch an den Energiekörper eines Menschen heften. Das führt dann zu seelischen und körperlichen Blockaden. Thorsten musste weinen, als er in Berührung mit der Seele dieser Person kam. Schließlich durfte er

Abschied von ihr nehmen und sie ins Licht begleiten. Als die Energie dieser Seele seinen Körper verließ, konnte er zugleich eine Erleichterung und Befreiung fühlen.

Die Schmetterlinge flogen weiter und führten ihn zu einem Haus im Wald. Dieses Haus sah alt und unbewohnt aus. Als er hineinging, sah er alte, verstaubte Möbel und Einrichtungsgegenstände, doch keine Menschenseele war anwesend. Alles fühlte sich für ihn alt und leer an und er hatte das Gefühl, dass es sich bei diesem Haus um das Haus seiner Kindheit handelte.

Da er von den Schmetterlingen hierher geführt worden war, suchte er nach einem Seelenanteil, der möglicherweise noch immer in diesem alten Haus verweilte. Doch er konnte keinen solchen Anteil finden. Allerdings wurde er von einer wertvollen, goldenen Vase magisch angezogen. Als er die Vase berührte, kribbelte es in seinem ganzen Körper und ein wohliges Gefühl breitete sich in ihm aus.

Er versuchte zu verstehen, was es mit der goldenen Vase auf sich hatte. Eine goldene Vase ist etwas sehr Wertvolles und Gebrechliches. Er erinnerte sich daran, dass er als Kind immer bestraft wurde, wenn er etwas zerbrach oder kaputt machte. Ihm war plötzlich mit aller Klarheit bewusst, dass es sich bei dieser goldenen Vase um einen zerbrechlichen Anteil von ihm handelte. Er hatte das tiefe Bedürfnis, diese Vase aus dem Haus mitzunehmen.

Als er das alte Haus mit der Vase hinter sich ließ, durchflutete ihn tiefe Freude und er wusste, dass er sich einen wichtigen Seelenanteil, der immer noch an sein Elternhaus gebunden gewesen war, zurückgeholt hatte. Er hatte gefunden, wonach er gesucht hatte und hatte das dringende Bedürfnis, aus dem Wald wieder hinaus zu seiner wunderschönen Waldlichtung und seinem Kraftplatz zu gehen. Als ich ihn fragte, wie er sich fühle, erklärte er mir, dass er sich ungewohnt, voller, aufgefüllt, runder und kompletter fühle.

Ich traf Thorsten nach einigen Wochen wieder zu einem Workshop, an dem er an einer Einführung in das schamanische Reisen teilnahm. Voller Freude erzählte er mir, dass er seit der Seelenrückholung ein anderer Mensch sei.

Seine Schlafstörungen und sein starkes Alkoholverlangen waren seither komplett verschwunden. Endlich konnte er jeden Tag wieder durschschlafen und das Leben wieder in vollen Zügen genießen. Auch die Seelenrückholungsreise, die ich mit seinem Sohn Dominique gemacht hatte, von der ich in im nachfolgenden Kapitel erzählen werde, überzeugte ihn, denn Dominique hatte sich seither stark verändert.

Seelenrückholung der Klarheit

Dominique ist Thorstens 15-jähriger Sohn. Von ihm habe ich im vorigen Kapitel berichtet. Als sein Vater ihm von seiner Seelenrückholung erzählt hatte, wollte er auch gerne eine machen und so durfte ich Dominique bei seiner Reise begleiten.

Als ich Dominique in die Anderswelt führte, kam er an eine Blumenwiese mit einem angrenzenden Wald. Ein kleiner Spatz begrüßte ihn und munterte ihn auf, mit ihm zu gehen. Dieser führte Dominique in den Wald hinein, zu einer Höhle, vor der zwei Eichen standen. Dominique folgte dem Spatz durch die Höhle hindurch und kam an einen wunderschönen Sandstrand. Er atmete das Meer und die Weite in sich ein und fühlte sich dort frei und leicht. Er fand eine Muschel am Strand und hob sie an sein Ohr. Dieses Gefühl wirkte sehr entspannend auf ihn.

Er lief den Sandstrand entlang und fand eine Flasche. Als er diese öffnete, strömte helles Licht aus ihr heraus und in Dominique hinein. Er fühlte sich wohlig durchflutet mit Licht und war glücklich. Ein Adler kam zu ihm, hob Dominique in die Lüfte und flog mit ihm über das Meer. Er fühlte sich leicht und frei. Er flog immer weiter, bis er zu einer Insel kam. Dort setzte ihn der Adler ab.

Auf der Insel stand ein Gebäude. Dominique ging in dieses Gebäude hinein und fand einen verstaubten Bergkristall. Er nahm den Bergkristall und wusch ihn im Meer, bis er wieder klar und brillant strahlte. Dieser Bergkristall gehörte in sein Herz. Als der Bergkristall sich in sein Herz integrierte, fühlte sich Dominique sofort stärker.

Ich fragte Dominique, ob er noch irgendjemanden am Strand wahrnehmen konnte und er sah einen alten Mann, der sich fremd für ihn anfühlte. Ich sprach eine Zeitlang mit dem alten Mann und fand heraus, dass er eine alte Seele war, die sich an Dominique geheftet hatte. Zunächst wollte der alte Mann nicht ins Licht gehen, doch letztendlich konnte ich ihn davon überzeugen. Als jener ins Licht ging, fühlte Dominique sich erfüllt und befriedigt.

Als ich seinen Vater Thorsten nach einigen Wochen wiedersah, berichtet er mir voller Freude, wie sich Dominique seit der Seelenrückholung stark verändert hatte. Seine Ausstrahlung hatte sich gewandelt, er war präsenter und seine Kommunikation und Sprache waren seither klarer geworden.

An den Seelenrückholungen von Thorsten und Dominique kann man sehen, dass Seelenanteile in unterschiedlichen Formen zurückkommen können. Bei Thorsten war es die Vase gewesen und bei Dominique das Licht in der Flasche und der Bergkristall.

Beide hatten gleichzeitig auch noch Fremdseelen bei sich, die befreit werden mussten. Bei der Seelenrückholung wie auch bei der Clearing- und Befreiungsarbeit geht es um Energien, die entweder befreit oder wieder integriert werden müssen, damit sich der Mensch vollständiger fühlen kann.

Seelenrückholung
der Weiblichkeit & Männlichkeit

Anka kam in meine Praxis und erzählte mir, wie sie gerne ihre Lebensfreude wiederfinden wolle. Als junger Mensch sei sie eine sehr lebensfrohe und lustige Frau gewesen. In ihrer Gesellschaft sei es immer lustig gewesen. Doch jetzt sei sie häufig traurig und wisse nicht einmal warum. Sie wollte das Gefühl der Freude und des Glücklichseins in sich wiederfinden. Mit der Art ihres Mannes konnte sie auch schlecht umgehen. Er war egoistisch und sehr von sich eingenommen. Seit unserer letzten Sitzung konnte sie ihm jedoch die Stirn bieten und ließ sich nicht mehr alles gefallen. In der Regel kam sie sich klein vor und wollte auf keinen Fall Aufsehen erregen.

Ankas Kraftplatz war auf einer Lichtung im Wald. Die Sonne schien und sie stand barfuß auf dem weichen Moos und weichen Gras. Anka fühlte sich sehr wohl an diesem Ort.

Eine Frau kam auf sie zu. Sie war 1,70 m groß, schlank und hatte eine sehr natürliche und fröhliche Ausstrahlung. In ihrer Gegenwart kam Anka sich klein und unbedeutend vor. Die Frau war überglücklich, Anka wiederzusehen. Sie hatte die ganze Zeit auf diese gewartet und freute sich schon sehr darauf, ein Teil von Ankas Leben zu werden. Sie umarmte Anka und versuchte, ihr Vertrauen zu gewinnen, doch diese war sich immer noch unsicher. Das war das erste Mal, dass ich es erleben durfte, dass ein Seelenanteil auf die Person zugehen und diese überzeugen musste, sie anzunehmen. Nachdem Anka mit ihrer Seelenfrau gesprochen hatte, war sie bereit ihren weiblichen Seelenanteil wieder anzunehmen. Als dieser mit Ankas Körper verschmolz, war das eine sehr ausgiebige und intensive Erfahrung für sie.

Lange Zeit lag sie da und genoss die Verbindung. Als ich Anka fragte, wie sie sich fühlte, erklärte sie mir, dass sie jetzt deutlich fühlen konnte, wie sie die ganze Zeit nur eine Hülle gewesen sei. Jetzt sei diese Hülle ausgefüllt. Anka fühlte sich hinterher stabil und in sich gefestigt.

Ich bat Anka, in sich zu fühlen, ob ihr noch etwas fehle, und sie konnte fühlen, dass sich ihre rechte Körperseite bis zum rechten Oberschenkel weiterhin energetisch leer anfühlte. Also ging sie auf die Suche nach einem weiteren Seelenanteil.

Sie kam zu einem Schlachtfeld und begegnete einem großen und starken Mann mit Rüstung, der vor Kraft strotzte und sehr „selbstherrlich" war, wie Anka es ausdrückte. Er hatte ein großes Schwert in der Hand und war der größte und stärkste Mann auf dem Schlachtfeld. Interessant ist in diesem Zusammenhang, dass sie mit einem Mann verheiratet war, der ähnliche Eigenschaften wie die ihres Seelenanteils hatte. Auch ihr Ehemann war sehr von sich

115

eingenommen. Als sie versuchte, mit ihrem Seelenanteil zu sprechen, entzog sich dieser ihrer Kommunikationsversuche. Sie beschrieb ihn als „übermächtig". „Aber eigentlich ist er klein, und hat nur eine große Klappe. Seine Rüstung dient ihm als Schutz. Er wurde sehr verletzt und hat sich deswegen eine Rüstung angezogen, um unverletzlich zu werden und sich besser verteidigen zu können", erklärte sie mir.

Als sie das erkannte, konnte sie ihren Seelenanteil auch annehmen und lieben. Sie schlug ihm vor, seine Rüstung und seine Stiefel abzulegen und den weichen, moosigen Waldboden unter ihren Füßen zu spüren. Das tat ihm sehr gut. Seine Selbstherrlichkeit war verschwunden. Jetzt wirkte er auf Anka eher nackt und hilflos. Anka bot ihm neue Kleider an und in ihnen fühlte er sich richtig wohl. Er stand aufrecht und strahlte Geradlinigkeit aus. Als Anka ihn fragte, was sie für ihn tun könne, wollte er sich mit der Frau in ihrem Inneren vereinen.

Es war ein wunderschöner Moment, als sich ihr innerer Mann mit ihrer inneren Frau vereinigte. Anka war lange Zeit ganz in die Verschmelzung zwischen beiden vertieft. Sie liebten sich sehr.

Auf der linken Seite konnte sie ihre Weiblichkeit fühlen und auf der rechten Seite ihre Männlichkeit. Die innere Frau strahlte Leichtigkeit, Lachen und Lebensfreude aus und ihr innerer Mann war aufrecht und geradlinig. Beide ergänzten sich perfekt und waren das genaue Gegenteil voneinander.

„Sie haben sich gesucht und gefunden", sagte Anka. Es war eine wunderschöne Sitzung, in der nicht nur die Weiblichkeit und Männlichkeit gefunden und in den Körper integriert wurden, sondern diese auch noch miteinander zu einer Einheit verschmolzen.

Seelenrückholung des Kindheitszaubers

Eva war eine Teilnehmerin der Seelenrückholungsausbildung. Sie nahm vorwiegend an der Ausbildung teil, um die Methode zu erlernen und kam nicht, weil sie das Gefühl hatte, dass ihr etwas fehlte. Da wir während der Ausbildung lernen, andere in ihrer Seelenrückholung zu begleiten, konnte jeder Teilnehmer führen und begleitet werden. Die Seelenrückholungsreise von Eva ist mir deswegen in meiner Erinnerung geblieben, da sie so liebevoll und herzerwärmend war und ganz anders als herkömmliche Seelenrückholungen verlief.

Eva wurde während ihrer Seelenrückholungsreise in ihr altes Kinderzimmer geführt. Sie war überglücklich darüber, denn sie hatte keine bewusste Erinnerung mehr daran gehabt. Nun erinnerte sie sich wieder. Was mir jedoch am meisten in Erinnerung geblieben ist, ist das Entzücken und die Tränen, die flossen, als sie ihre alte Bärin Lotte wiedersah.

Es war die Teddybärin ihrer Kindheit gewesen und sie hatte diese ganz vergessen. Als sie in ihrer schamanischen Reise ihre Teddybärin in den Händen hielt und an ihr Herz drückte, flossen viele ungeweinte Tränen aus ihr heraus. Diese Bärin symbolisierte einen Seelenanteil, den sie abgespalten hatte. Durch sie kam sie wieder in Kontakt mit diesem Kindheitsanteil von ihr.

Nach der Seelenrückholung fühlte sie sich weicher und verletzlicher, aber auch verspielter. Sie ging auf das Trampolin in unserem Garten und sprang wie ein kleines Mädchen darauf herum. Sie hatte den Zauber des Kindes wiedergefunden.

Seelenrückholung der Tänzerin

Susanne war eine junge Frau, die Angst hatte, im Mittelpunkt zu stehen und lächerlich gemacht zu werden. Sie war am liebsten für andere unsichtbar. Sie hasste ihren Körper und hatte ein sehr niederes Selbstwertgefühl. Das hemmte sie, die Dinge im Leben zu tun, die sie tun wollte. Gleichzeitig hatte sie den Beruf der Krankenschwester gewählt, in dem sie viel von sich geben musste. Sie half jedem, der sie um Hilfe bat und ließ sich meistens mit Männern ein, die drogenabhängig waren. Ihr tiefster Wunsch war, ihre Lebensfreude leben zu können, ohne Ängste zu haben.

Eigentlich wollten wir eine Sitzung machen, um ihre Angst, lächerlich gemacht zu werden, aufzulösen. Doch es sollte anders kommen. Während unserer Sitzung sah sie einen Schleier, hinter dem ein Feuer brannte. Sie zog den Schleier zurück und sah eine Tänzerin mit einem roten Kleid und einer roten Schleife.

Da wir keine schamanische Seelenrückholung machten, lag die Vermutung nahe, dass bei Susanne vielleicht ein altes Trauma aus einem vergangenem Leben als Tänzerin auftauchte. Aber dem war nicht so. Ich fragte die Tänzerin, warum sie tanze und die Tänzerin antwortete, dass sie tanze, um zu tanzen.

Sie tanze für niemand anderen, nur für sich selbst. Sie sei das FEUER und die LEBENSFREUDE. Als ich Susanne fragte, ob es ein Seelenanteil von ihr sei, antwortete Susanne, dass die TÄNZERIN schon in ihren Körper gesprungen sei und sich mit diesem verbunden hätte. Das war erstaunlich, denn Susanne hatte noch nicht von Seelenrückholungen und der anschließenden Verschmelzung gehört. Diese TÄNZERIN, die ein Teil von ihr war, und die ihr inneres FEUER und die

FREUDE AM LEBEN symbolisierte, verschmolz mit ihrem Körper. Der Schleier, den sie sah, symbolisierte die Trennung von diesem Seelenanteil, der wieder zu ihr kommen wollte.

Seelenrückholung des Lebenstraumes

Jörg war arbeitslos und hatte viel Zeit - jedoch fehlte ihm jegliche Perspektive. Er fühlte sich nutz- und energielos und wusste nicht, wozu er lebte. Er hatte von Seelenrückholung gelesen und wollte es ausprobieren.

Jörgs Kraftplatz war in seinem eigenen Wohnzimmer. Das war nicht überraschend, denn auch in seinem Leben war es so, dass er sich fast nur zu Hause aufhielt: in seinem Sessel vor dem Fernseher. Interessant war bei dieser Seelenrückholung, dass sich in seinem Wohnzimmer keine Fenster und keine Türen befanden, aus die er hätte gehen können, um seinen Seelenanteil zu finden. Es kamen auch keine Krafttiere, die ihm hätten helfen können.

Auch im realen Leben war es so, dass Jörg keine Perspektiven für sein Leben hatte und sich auch nicht vorstellen konnte, dass sich jemals etwas für ihn ändern würde. Ich bat meine geistigen Helfer um eine Inspiration, damit ich Jörg helfen konnte, aus dieser scheinbar ausweglosen Situation herauszukommen und hatte den Impuls, ein Raumschiff in seinem Wohnzimmer entstehen zu lassen. Das Raumschiff als Transportmittel konnte Jörg annehmen und er ging hinein, um sich von ihm zu seinem Seelenanteil bringen zu lassen. Als sich die Tür des Raumschiffes wieder öffnete, sah Jörg einen großen Saal mit einer Bühne, auf der ein Mann stand, der Gitarre spielte. Neben dem Mann musizierten andere Musiker. Die Band hatte richtig viel Spaß auf der Bühne. Das Publikum applaudierte. Als Jörg näher an die Bühne herantrat, um die Musiker besser sehen zu können, traute er seinen Augen nicht.

Der Mann an der Gitarre war er selbst. Auf meine Frage hin, ob er denn Gitarre spiele, erzählte er mir, dass er als junger Mann immer in einer Band spielen wollte, er diesen Traum aber mit den Jahren aufgegeben hatte. Als ich ihn fragte, ob er nicht wieder Gitarre spielen und vielleicht selbst eine Band gründen wolle, schüttelte er den Kopf und gab mir zu verstehen, dass diese Zeit vorbei sei. Ich erklärte ihm, dass sein Seelenanteil immer noch an diesem Traum hing und dass Musizieren seine Seele glücklich machen würde. Er war immer noch nicht überzeugt und fragte mich, wie das denn funktionieren solle. Ich erklärte ihm, dass er nicht berühmt werden müsse, er könne sich doch einfach mit ein paar Menschen zusammentun und musizieren. Wenn er offen dafür wäre, würden sich die richtigen Leute finden.

Nachdem er meine Worte gehört hatte, fing er urplötzlich an laut zu lachen und zu lachen und zu lachen. Ich saß neben ihm und wir lachten gemeinsam. Alle Energie, die an diesen Lebenstraum gebunden war, entlud sich in diesem Moment und stand Jörg wieder zur Verfügung. Als er sich endlich die Tränen aus den Augen gewischt hatte, erklärte er mir, dass er nie daran gedacht hätte, dieses alte Hobby wieder aufzunehmen und dass er das jetzt auf jeden Fall in Angriff nehmen würde.

Die Seelenrückholung Jörgs zeigt sehr schön, wie es bestimmte Seeleninhalte und Träume gibt, die gelebt werden möchten. Dabei sind Träume keine Schäume, sondern Visionen, die sich erfüllen können, wenn wir daran glauben. Sie geben der Seele und dem Leben Energie und Freude und bereichern es auf ungeahnte Weise.

Seelenrückholung der heiligen Verbindung

Bei einer Seelenrückholung geht es immer darum, eine verloren-gegangene spirituelle und geistige Verbindung wieder herzustellen. Aus diesem Grund können Seelenrückholungen auch ganz unterschiedlicher Art sein.

Die Seelenrückholung von Anne werde ich immer im Herzen behalten. Sie hat mich als Begleiterin zutiefst berührt, vor allem auch deswegen, da ich nichts weiter zu tun hatte, als sie in ihren inneren Raum zu führen. Was danach passierte, war so schön, dass ich es hier gerne mit Euch teilen möchte.

Bei einer Seelenrückholung beginnen wir in den meisten Fällen damit, dass ich meine Klienten in Entspannung und dann durch eine Höhle in die Anderswelt führe. Auch Anne führte ich in die Höhle, als sie plötzlich anfing, laut zu weinen.

Ich wusste nicht, warum sie weinte, konnte jedoch fühlen, dass es ganz tief ging. Ich saß neben ihr voller Mitgefühl. „Oh mein Gott", schluchzte sie. „Oh mein Gott, ich glaube es nicht."   „Was ist ?", fragte ich sie. „Da ist Jesus - das ist Jesus. Er hat auf mich gewartet. So lange schon!"

Anne weinte Tränen des Glückes und der Rührung. Sie konnte die tiefe Liebe fühlen, die sie mit Jesus verband. „Endlich habe ich dich gefunden!" flüsterte sie. Ich saß neben ihr und war zutiefst gerührt über diese „heilige Hochzeit", von der ich Zeuge sein durfte.

Anne erzählte mir, dass sie diesen Mann, immer wieder in ihren Träumen gesehen hatte. Sie hatte jedoch nicht gewusst, dass dieser Mann Jesus Christus gewesen war. Ich hielt Annes Hand und hörte zu, wie ihr vieles in ihrem Leben klar wurde.

Sie erkannte, warum sie ihre verschiedenen Lebenspartner gehabt hatte und auch, warum sie sich von ihnen trennen musste. Davor hatte sie noch damit gehadert. Jetzt ergab alles einen Sinn für sie. Auch das dringende Bedürfnis nach einem Partner war durch diese intensive Verbindung zu Jesus gegangen und sie war glücklich mit ihrem Leben, so wie es war.

Sie erzählte mir von ihrem Leben und erkannte den höheren Sinn darin. Erkenntnisse sprudelten aus ihr heraus und ich saß stumm daneben und hörte einfach nur zu.

Ich konnte spüren, wie dieser Moment ein heiliger Augenblick war, in dem sich Annas Seele wieder mit ihrem spirituellen Ursprung verband und tiefe Einsichten daraus gewann. Zeitgleich konnte sie durch die Verbindung mit Jesus ihre Beziehungsthemen lösen. Sie fühlte eine große und tiefe Liebe von Jesus und nahm diese Liebe tief in sich auf. Jesus umarmte sie und sie weinte in seinen Armen voller Glück.

Mir wurde bewusst, dass es in dieser Seelenrückholung für mich als Begleiterin, nichts weiter zu tun gab, als einfach nur „Danke" zu sagen, für das Wunder, welches ich miterleben durfte. Glücklich und erfüllt ging Anna nach Hause und wusste, dass sie diese Verbindung nie mehr verlieren würde.

Katjas Seelenrückholung

Katja ist eine Teilnehmerin der schamanischen Ausbildung. Nachfolgend beschreibt sie in eigenen Worten ihre Seelenrückholungsreise, der sie den Titel ‚Der Weg aus der Angst in der Dunkelheit' gab. Lest selbst, was Katja dabei erlebt hat und wie diese Seelenrückholung ihr Leben verändert hat.

„Jahrzehntelang, wenn nicht sogar mein ganzes Leben lang, hatte ich riesige Angst im Dunkeln. Es war nicht nur einfach eine Furcht, sondern eine große Todesangst quälte mich, sobald ich mich in der Dunkelheit aufhalten musste. Ob das nur ein kurzer Gang zum Auto war oder eine kleine Runde, die ich mit meinen Hunden ging. Ich war immer in großer Panik gefangen, dass mich gleich jemand von hinten packt und mir die Kehle durchschneidet.

Bis zu dem Zeitpunkt als ich eine Seelenrückholung in der schamanischen Ausbildung bei Bianka und Ralf teilnehmen durfte. Meine Seele und mein Körper waren mehr als bereit, den Seelenanteil zurück zu gewinnen, der mir fehlte, um mich wieder wohl fühlen zu können, wenn es dunkel wurde.

Als wir die Reise zu unserem Seelengarten unternahmen, dauerte es nicht lange und ich stand vor einer Höhle, deren Eingang zugemauert war. Ich löste die Steine und betrat die Höhle. Was ich zuerst sah, war nichts anderes als absolute Schwärze. Ich bat um Licht und die Höhle erhellte sich. Dann sah ich meinen toten Körper am Boden liegen und der Seelenanteil, mit dem Rücken zu mir, kniete daneben. Langsam näherte ich mich meinem Seelenanteil und berührte ihn an der Schulter. Er stand auf und drehte sich mir zu. Eine völlig verweste Gestalt blickte mir in die Augen.

Ich war nicht erschrocken oder ängstlich, denn ich hatte so viel Liebe in mir und die Bereitschaft zu heilen. Ich nahm diesen Anteil bei den Händen und fragte ihn, was er brauche. Er antwortete: „Licht". Ich schickte ihm einen Lichtstrahl und sein ganzer Körper wurde durchflutet von heller Energie aus wahrer Liebe. Zeitgleich wurde sein Körper gesund und kräftig und heilte. Ich sagte ihm, dass er sich nicht mehr zu fürchten brauche und ich ihn von ganzem Herzen liebe. Dann löste sich der Seelenanteil, der mittlerweile zu einer jungen Frau geworden war, von meinen Händen, lief aus der Höhle, tanzte freudig umher und genoss die Freiheit.

In diesem Augenblick durchströmte mich ein Gefühl voller Liebe und Freude. Sein Blick verriet mir, dass er bereit war, zu mir zurückzukehren. Ich nahm ihn nochmals bei den Händen und dann geschah das Wunderbare. Langsam verschmolzen wir miteinander, über die Verbindung des dritten Auges, des Herz- und des Wurzelchakras. Mein ganzer Körper vibrierte. Dann folgte die Verschmelzung über die anderen Chakren, bis mein Seelenanteil völlig in meinem Körper angekommen war. Ein tolles Gefühl.

Ich ließ meinen ‚neuen Körper' ein paar Tage ruhen, bis meine innere Stimme mir sagte, ich könne jetzt den Gang in die Nacht wagen. Ganz sicher war ich mir nicht, ob es wirklich funktionieren würde, mich ohne Furcht darin aufzuhalten. Mittlerweile ist dieser Zeitpunkt ein paar Monate her. Die Angst gibt es nicht mehr.

Ich gehe mittlerweile mit meinen beiden Hunden in völligem Frieden im Dunkeln spazieren und auch andere Situationen in der Finsternis bereiten mir keine Angst mehr. Ich brauche auch kein Licht, um zu sehen, wohin ich laufe. Es ist sogar so, dass ich mich manchmal frage, ob das schon alles an Dunkelheit war und dann muss ich über mich selbst lachen und fühle den Frieden und die

Liebe. Ich genieße diese neue Zeit in vollen Zügen und weiß es mehr als wertzuschätzen, dass ich meinen Seelenanteil zurückholen konnte. Die Seelenrückholung ist für mich ein wichtiger Bestandteil zum Heilen geworden.

Bianka und Ralf, ich danke Euch aus tiefstem Herzen für diese wundervolle Erfahrung.

Mitakuye Oyasin
Katja"

Grits Seelenrückholung

Grit durfte ich bei ihrer schamanischen Seelenrückholung begleiten. Sie beschreibt hier mit ihren eigenen Worten, wie sie diese Reise erlebte.

„Meine Reise begann in einer wunderschönen Naturlandschaft. Ich lief auf einer herrlichen grünen Wiese an einem kleinen Bach entlang und neben mir erstreckte sich eine hohe Bergkette.

In einem der Berge bemerkte ich eine Höhle und ging hinein. Der schmale Weg, der in die Höhle führte, bestand aus weißen Kieselsteinen. Ich konnte nichts sehen, nur der weiße Weg leuchtete und führte mich. Eine ganze Weile lief ich in gebückter Haltung in die Dunkelheit hinein, als sich vor mir eine weitere Höhle öffnete.

Ich konnte mich nun aufrichten und sah einen unglaublich großen Bergkristall. Es war eine sehr klare Bergkristallgruppe, die fast die doppelte Größe von mir hatte. Die vielen starken Spitzen ragten wie Antennen in alle Himmelsrichtungen. Ich genoss diesen überwältigenden Anblick und fühlte, wie mich der Stein mit neuer Energie versorgte. Nach einer Weile nahm ich hinter dem Kristall eine alte Holztür war. Sie hatte zwei Flügeltüren und diese öffneten sich in dem Moment, als ich sie sah. Eine Steintreppe mit zehn Stufen führte in die Dunkelheit. Ich ging Stufe für Stufe hinunter und mit jedem Schritt sah ich weniger, bis ich ganz unten in völliger Dunkelheit stand.

Völlig gespannt wartete ich darauf, dass sich mir mein Kraftplatz zeigte. Nach einer gefühlten Ewigkeit war die Dunkelheit plötzlich weg und ich stand auf einem hohen, schneebedeckten Berg und sah in die Ferne. Eine große Bergkette erstreckte sich vor meinem geistigen Auge und ich fühlte, wie mein Herz aufging. Ich liebte unsere Urlaube in den Bergen schon immer und es erfreute mich unglaublich, dass dort auch mein Kraftplatz war. Ich fühlte mich angekommen.

Ich stand etwas unterhalb der Bergspitze auf einem Plateau. Über mir sah ich das Gipfelkreuz und es stand für mich symbolisch für die Nähe zu Gott. Jetzt ging es darum, meine verlorenen Seelenanteile zurückzuholen.

Es kam ein weißer Schwan auf mich zugeflogen und im selben Moment saß ich auch schon auf seinem Rücken. Ich wusste, dass er mich zum richtigen Ort bringen würde. Nach einem kurzen Flug landeten wir auf einem Wasserspiegel.

Der Schwan teilte mir mit, dass ich hinuntertauchen sollte. Ich hüpfte ins Wasser, bekam einen Meerjungfrauenschwanz und tauchte bis zum Meeresboden hinunter. Dort sah ich ein altes, kaputtes Schiffswrack liegen. Es erinnerte mich an die alten

Fregattenschiffe aus dem 18. Jh. Ich tauchte durch den kaputten Rumpf in das Innere und befand mich gleich im richtigen Raum. Ich sah eine menschliche, weibliche Energie aus weißem Licht mit geschlossenen Augen auf einem großen Bett liegen. Sie reagierte nicht gleich auf meine Weckversuche, aber dann gelang es mir doch und ich konnte sie sogar überreden, mit mir auf meinen Kraftplatz zu kommen. Der Schwan half uns wieder dabei.

Auf dem Berg angekommen sprachen wir miteinander. Ich nahm ihre große Traurigkeit wahr und sie erzählte mir unter Tränen, dass sie eine reiche Bauersfrau gewesen war und sie mit dem Untergang des Schiffes all ihr Hab und Gut verloren hatte. Ich erklärte ihr dann, dass das Geld nicht das Wichtigste im Leben sei und sie eine wundervolle, unsterbliche Seele habe, die von Gott geliebt werden würde. Daraufhin löste sich die weiße Gestalt nach oben hin auf und ich saß wieder allein auf meinem Berg.

Dann kam ein Adler auf mich zugeflogen. Er sagte mir, dass ich aufsteigen solle. Er würde mich in den Wald bringen. Wir flogen zusammen eine kurze Strecke bis er hoch oben auf einer Tannenspitze landete. Ich sah von oben ein Holzhaus mitten im Wald stehen und wusste, dass sich dort ein weiterer Seelenanteil versteckte.

Schnell kletterte ich den Baum hinunter und stand vor einer alten Mühle aus Holz. Drinnen saß ein altes Mütterchen am Spinnrad und war intensiv mit ihrer Arbeit beschäftigt. Als ich sie ansprach, schaute sie mich an und sagte nur, dass ich sie vergessen hätte. Ich nahm sie auf meinen Kraftplatz mit. Während des Fluges zeigten sich mir innere Bilder von ihrem Leben. Sie war eine Kräuterfrau gewesen und viele Menschen kamen zu ihr in den Wald, um Rat und Hilfe zu suchen. Eines Tages kam niemand mehr und sie starb allein. Auf dem Berg sagte ich ihr, dass ich nichts mehr von ihrer

Existenz wusste, aber jetzt froh war, sie gefunden zu haben. Ich erklärte ihr, dass ich sie jetzt brauche, um in diesem Leben meine Tätigkeit als Heilerin vollständig leben zu können. Nun löste sie sich ebenfalls nach oben hin auf. Sie wollte nur wahrgenommen werden.

Jetzt saß ich wieder allein auf dem Berg und eine innere Stimme sagte mir, dass jetzt alle Seelenanteile zurückgekommen seien. Gerade überlegte ich, wie es jetzt wohl weiter gehen würde, da stand plötzlich neben mir ein weißes Pegasus-Einhorn und erklärte mir, dass es mich in eine andere Galaxie/Universum mitnehmen wolle.

Ich stieg auf und flog mit ihm hoch ins Weltall. Wir flogen schnell an verschieden Planeten vorbei und landeten an einem mir unbekannten Ort. Dort gab es nichts als Geröll. Ich stieg ab und lief ein Stück von dem Einhorn weg.

Auf einmal war ich von einigen „Außerirdischen" umringt, die in einer mir fremden Sprache etwas erzählten. Ich verstand sie nicht und holte mir zum Übersetzen mein Pegasus-Einhorn zur Hilfe herbei.

Dann erfuhr ich zu meiner großen Freude, dass die kleinen, fremden Wesen mir von meiner Lebensaufgabe auf der Erde berichteten. Ich habe eine große Aufgabe auf der Erde zu erfüllen. Ich soll die Herzen der Menschen öffnen, Liebe vermitteln und die Menschen annehmen wie sie sind. Ich soll sie ihre innere Stärke fühlen lassen, ihre eigene innere Führung finden lassen und in die eigene Kraft führen. Ich soll sie zum eigenen Selbst führen. Dann hielt ich plötzlich ein Geschenk in der Hand. Ein kleines Paket mit Schleife, das sogleich seinen Inhalt freigab. Eine strahlende, goldene Kugel, die meine innere Kraft symbolisierte. Ich integrierte sie in mein Herz und es fing augenblicklich an, ebenfalls golden zu leuchten. Da nahm ich wieder einen bestimmten Seelenanteil wahr, den ich zu einem anderen Zeitpunkt schon einmal integriert hatte: Die Heilerin aus Atlantis. Ich konnte nie richtig glauben, dass ich das war.

Jetzt verwandelte ich mich in diese Heilerin, die ich immer im langen, weißen Gewand und mit langem, kristallbesetztem Stab in der Hand wahrgenommen hatte. Diesmal wurde es in mir ganz golden und mir wuchsen goldene Flügel.

Sie sagte zu mir: „Du bist ich und ich bin du." In diesem Moment wurde mein Herz ganz warm und mein Solar-Plexus öffnete sich weit und leuchtete wie eine Sonne.

Die „Außerirdischen" waren verschwunden und ich stieg wieder auf mein geliebtes Pegasus-Einhorn, um zu meinem Kraftplatz zurückzufliegen.

Unterwegs verwandelte sich das Einhorn plötzlich in einen Phönix und ich vernahm die innere Stimme, dass ich jetzt allein fliegen könne, da ich jetzt eigene Flügel besitzen würde. Ich flog also allein zu meinem Kraftplatz zurück und der Phönix setzte sich auf das Gipfelkreuz.

Hier endet meine wundervolle Reise zu mir selbst. Die Flügel und die goldene Kugel in meinem Herzen spüre ich täglich und sie erinnern mich immer wieder an meine Bestimmung."

Christines Seelenrückholung

Christine hat die schamanische Ausbildung bei uns abgeschlossen und hat bei sich zu Hause während einer schamanischen Reise eine Seelenrückholung gemacht, von der sie uns nachfolgend berichtet:

„Meine schamanische Reise startete ich mit dem Ziel, einen dunklen Punkt meiner Kindheit zu erlösen. Ich hatte so gut wie keine Erinnerung an diesen Tag, nur das Einblenden eines Waldes, dahinter war Dunkelheit.

Ich begann meine Reise und kam zu meinem Kraftplatz in der unteren Welt. Dort wurde ich von meinem Drachen Ikarus freudig begrüßt und er sagte, dass alle mich schon erwarteten. Und in der Tat, es brannte ein Feuer. Mein Bär, der Wolf und mein geistiger Führer und Heiler in Gestalt eines Schamanen begrüßten mich und begannen mit mir, um das Feuer zu tanzen.

Die Flammen wurden immer größer und loderten hoch in den Nachthimmel hinauf. Mein Drache forderte mich auf, auf seinem Rücken Platz zunehmen. Gemeinsam flogen wir los und landeten vor dem Wald meiner Kindheit, der noch immer in der Dunkelheit lag.

Ikarus spie einen riesigen Feuerstrahl in die Dunkelheit und plötzlich war der ganze Wald in helles, warmes Licht getaucht. Gemeinsam durchstreiften wir den Wald und ein kleiner Lichtball kam uns entgegen. Ikarus forderte mich sanft auf, den Lichtball in meine Hand gleiten zu lassen. Dieser Lichtball war mir in meiner Kindheit verloren gegangen. Kaum lag er dort, traten wir den Weg zurück zum Lagerfeuer an, wo alle noch immer, um das mittlerweile riesige Feuer tanzten. Kurz schwebten wir darüber, bis Ikarus in einer Spirale hinein ins Feuer flog. Während er das machte, wurden wir immer kleiner und kleiner.

Ich und der kleine Lichtball glitten in das Feuer hinein und wurden eins mit dem Feuer, bis wir zu Asche wurden. Plötzlich war das Feuer verschwunden. Aus der Asche wuchsen wir zu einem Walnussbaum, von dem eine einzige Walnuss auf die Erde fiel.

Mein Schamane begann, die Rinde des Baumes von unten nach oben vorsichtig zu öffnen, dahinter lag ich in ganzer Größe, nackt und heil.

Der Bär holte mich heraus und legt mir ein wärmendes Fell um, während mein Schamane die Walnuss vom Boden aufhob, sie knackte und mir ihren Kern zu essen gab. Der Wolf heulte laut und kraftvoll dazu. Ich verweilte noch etwas an dem Herzen meines Drachens, bedankte mich aus tiefsten Herzen bei allen und trat meine Rückreise an. So wurde mein Seelenanteil integriert.

Nach meiner Rückkehr aus der unteren Welt, war ich vollkommen entspannt. Mein Körper wurde durchzogen von Wellen aus lichtvoller Energie, sodass ich bald darauf tief einschlief.

Am Morgen und in den Tagen danach fühlte ich mich energiegeladen, in mir ruhend und in meiner Mitte.

Ich bin mir seit dem näher den je und fühle mich vollkommen ganz. Ich fühle tiefe Dankbarkeit."

Sandras Seelenrückholung

Sandra lebt auf einem Bauernhof mit Pferden und setzt diese für die Pferdetherapie ein. Wie sie uns gleich berichten wird, verbesserte sich ihr ganzes Lebensgefühl und ihre Beziehung zu ihren Pferden nach dem Seelenrückholungswochenende in unserer schamanischen Ausbildung.

Ein gesamtes Wochenende reisten die Teilnehmer in die Anderswelt um Seelenanteile zurückzuholen. Während der Seelenrückholungsreise in der Jurte, ging die Sirene der freiwilligen Feuerwehr in unserem Ort los. Zuerst hatten mein Mann und ich Bedenken, dass sich die Sirene störend auf die Seelenrückholungsreise auswirken könnte, doch dann erinnerten wir uns daran, dass Außengeräusche häufig zu den Erfahrungen der Teilnehmer in diesem Kontext beitragen können. Als wir nach der Reise den Kreis befragten, war es tatsächlich so gewesen, dass der grelle Signalton der Sirene einigen Teilnehmern helfen konnte, weitere Seelenanteile von sich zurückzuholen.

Sandra beschreibt ihre Seelenrückholung wie folgt:

„Während meiner Seelenrückholung flog ich mit meinem Krafttier, dem Adler, zu einer Waldlichtung in einem tiefen, großen Wald mit einem kleinen Holzhaus. Dort standen viele Menschen und ich erkannte Bekannte, Freunde und Familienmitglieder aus meinem jetzigen Leben. Zwei Personen hoben sich aus der Masse ab und ich wusste, dass einige meiner Seelenanteile noch bei diesen Personen waren. Ich bat sie, mir meine Seelenanteile zurückzugeben. Auf diese Weise bekam ich zwei kindliche Seelenanteile und einen erwachsenen Seelenanteil zurück. Ich bemerkte, dass auch ich noch einen Seelenanteil von einer Person bei mir hatte und gab diesen Seelenanteil der Person zurück.

In dem Moment, als die Sirene der freiwilligen Feuerwehr ertönte, kam eine Frau aus der Menge heraus und gab mir einen Zauberstab. Ich wusste zunächst nicht, warum sie mir diesen Zauberstab gab und was ich damit anfangen sollte.

Auf meiner zweiten Seelenrückholungsreise reiste ich mit meinem Zauberstab und dieser brachte mich in ein altes schamanisches Leben. Alles war in dichten Nebel eingehüllt, daher konnte ich nichts Genaues erkennen. Trotzdem spürte ich ganz deutlich, wie ein Seelenanteil zu mir zurückkam, und sich eine Energie in meinem Kopf auflöste. Seither ist meine Pferdeangst, die aus meiner Kindheit stammt, verschwunden. Ich liebe Pferde und habe einige Pferde, doch hatte ich immer Angst, auf ihnen zu reiten.

Bei einer weiteren Seelenrückholung kam ich in ein Leben, in dem ich mit meinem Kind in einem Verlies verhungert war. In dem damaligen Leben liebte ich einen Mann, mit dem ich nicht zusammensein durfte. Ich war damals sehr jung, wurde schwanger und bekam ein Kind von ihm. Als ich mit meinem Kind eingesperrt wurde gingen dabei meine Freiheit, Unbeschwertheit und Lebendigkeit verloren. Diese Seelenanteile konnte ich bei der Seelenrückholungsreise wieder zu mir zurückholen und integrieren.

Das war ein sehr tiefer innerer Prozess für mich. Ich konnte es an meiner Verdauung spüren und machte nach der Reise eine starke körperliche Reinigung und Entgiftung durch.

Die Seelenrückholung hat mir sehr viel gebracht. Nach dem Seelenrückholungswochenende konnte ich fühlen, wie es in mir arbeitete. Ich hatte hinterher Kopfschmerzen. Doch nach einiger Zeit war mein Kopf so richtig frei. Seither fühle ich mich richtig gut und viel leichter.

Im Allgemeinen kann ich sagen, dass ich mich nach der Seelen-rückholung viel gelöster und wieder vollständig fühle. Ich bin nicht mehr so blockiert und kann daher auch viel freier und ungebundener mit meinen Pferden umgehen.

Die Verbindung und Beziehung zu meinen Pferden ist seither auch viel besser geworden und ich genieße es sehr, mit ihnen zu sein und zu arbeiten. Meine energetische und spirituelle Arbeit hat sich seither auch verbessert, da meine geistigen Kanäle viel saube-rer sind, ich von meinen Altlasten befreit bin und eine Kraft zurück-bekommen habe, die ich vorher nicht hatte. Ich fühle mich seither richtig frei und sehr verbunden mit allem."

Ego und Liebe

Für viele Jahre konnte ich mit dem Begriff Ego wenig anfangen. Die Aussage, man solle sein Ego komplett ablegen, bevor man in die Einheit und Liebe erwachen könne, konnte ich ebenso wenig verstehen. Ich empfand das Ego als eine Struktur, mit der wir uns identifizierten und die wir für einige Zeit leben mussten, um die Erfahrung dieser Struktur zu machen. Wenn wir uns jedoch an diese Struktur klammerten und sie als Daseinsberechtigung brauchten, verlor sie die entwicklungsfördernde Funktion und hielt uns davon ab, unser Bewusstsein zu erweitern und neue Erfahrungen zu machen. Sie wurde dann zur starren Ego-Struktur. Als ich begann, mich mit Seelenrückholung zu beschäftigen, bekam ich eine gänzlich neue und erweiterte Sichtweise über das Ego, welches ich hier mit dir teilen möchte.

Am Anfang ihres Inkarnationszyklus waren alle Seelen noch vollständig und ganz in einen Körper inkarniert. Die Menschen fühlten sich verbunden mit ihrer Seele, ihren Mitmenschen und der gesamten Schöpfung. Es war ein Zeitalter der Liebe, in dem man im Einklang miteinander lebte. Das Ego war damals noch nicht geboren, denn es wurde nicht benötigt. Wir lebten in der Fülle und in Einklang miteinander und mit der Schöpfung. Man könnte es auch das Paradies nennen.

Dann passierte etwas in der Geschichte der Menschheit, was manche religiöse Strömungen den ‚Fall‘ nennen. Die Bibel nennt es den ‚Sündenfall‘ oder ‚die Vertreibung aus dem Paradies‘. Was genau passierte, können wir heutzutage schlecht nachvollziehen. Es gibt einige Theorien dazu, was passiert sein könnte. Damit wollen wir uns jedoch an dieser Stelle nicht beschäftigen. Es muss eine Katastrophe besonderen Ausmaßes gewesen sein, durch das die Menschheit in eine tiefe Unbewusstheit sank und sich nicht mehr an ihren göttlichen Ursprung erinnern konnte.

Zu dieser Zeit gingen auf Grund des Schocks viele Seelenanteile der ursprünglichen Seele verloren und es entstand eine Leere und Fragmentierung im Seelenkörper. Die Menschen waren zum ersten Mal im Mangel. Das heißt, sie hatten das Gefühl, dass ihnen etwas fehlte.

Das war die Geburtsstunde des Egos. Um den Mangel zu kompensieren, wurde das Ego geboren, um dem Menschen zu helfen, trotz Mangel zu überleben. Wenn ein Mensch durch Seelenverlust unsicher war, half ihm das Ego, durch Rechthaberei Sicherheit auszustrahlen. Wenn ein Mensch sich selbst ablehnte, half ihm das Ego, durch die Abwertung anderer sich selbst aufzuwerten.

Das Ego gebar Schattenaspekte, um die Kraft des fehlenden Seelenanteils zu kompensieren. Durch viele Verletzungen der Seele und dem resultierenden Seelenverlust wurden in den unterschiedlichen Inkarnationen der Seele immer mehr Schattenaspekte bis zum heutigen Tage geboren. Der Antrieb und die Nahrung dieser Schattenaspekte ist Angst und Mangel. Der persönliche Schatten sind die Ego-Anteile in uns, die auf Verletzungen von anderen mit Rache, anstatt mit Mitgefühl reagieren. Das wiederum hat weiteren Seelenverlust zur Folge. Auf diese Weise bekamen die Ego-Anteile der Menschen die Macht über das Bewusstsein und die Seele wurde immer weiter verdrängt.

Die Ego-Anteile in uns werten uns auf, indem wir andere abwerten. Extrovertierte Menschen zeigen ihre Ego-Anteile meistens sehr offensichtlich und für jeden wahrnehmbar. Bei introvertierten Menschen ist es oft weniger offensichtlich, da sie ihre Ego-Anteile eher nach innen leben, das heißt aber nicht, dass diese nicht genauso aggressiv sind. Das heißt konkret, dass die Ego-Anteile in uns alles dafür tun, besser zu sein, als der Andere, Recht zu haben, Macht auszuüben, sich über andere lustig zu machen, andere Menschen abzuwerten oder über sie zu urteilen. Sie versuchen, den Mangel von Liebe auszugleichen.

Wenn wir in der Liebe sind, uns selbst lieben und Liebe ausstrahlen, uns unseres eigenen Wertes bewusst sind und die Verbundenheit mit allen Wesen leben, haben wir nicht das Bedürfnis, uns über andere zu stellen. Menschen, die wir zutiefst ablehnen, zeigen meistens Ego-Anteile und Schattenaspekte von uns auf. Es sind Aspekte, die wir auch in uns zutiefst ablehnen.

Schattenaspekte nehmen meistens die anderen Menschen vor uns wahr. Für unseren eigenen Schatten sind wir oftmals blind. Es ist wichtig zu begreifen, dass Menschen, die uns innerlich erschüttern können, häufig Schattenaspekte unserer Ego-Anteile aufzeigen. Diese können wir loslassen, wenn wir den Mangel, aus dem der Ego-Anteil entsprungen ist, ausgleichen und den Seelenanteil zurückholen, der das Gegenteil des Ego-Anteils ist.

Je vollständiger und lichtvoller wir werden, desto mehr Ego-Anteile können wir loslassen, bis wir wieder ganz in der Einheit und der Liebe sind. Das jedoch ist eine Entwicklung, die Zeit braucht.

Ich habe noch keinen Menschen erlebt, der nicht noch den einen oder anderen Ego- oder Schattenanteil in sich trägt. Die Seelenrückholung kann also auch dazu beitragen, dass du in dir wieder vollständig wirst, damit du deine Ego- und Schattenanteile loslassen kannst.

Wenn alle Menschen wieder vollständig werden, wird es keine Kriege, Verletzungen und Ausbeutungen mehr geben, denn wenn ein Mensch innerlich in der Fülle und glücklich ist, braucht er das Licht und die Fülle nicht von anderen Menschen zu stehlen.

Im Moment erlebt dieser Planet viele Krisen auf allen Ebenen. Es spiegelt das kollektive Mangel- und Angstbewusstsein wieder. Die Mächtigen dieser Erde schüren die Ängste und den Mangel im Menschen noch mehr. Denn auch die Mächtigen der Erde sind im Mangelbewusstsein gefangen und meinen, durch immer größeren Reichtum und Macht glücklicher zu werden. Je mehr Menschen ihre Seelenanteile wieder ganz zu sich zurückholen, desto mehr Fülle, Freude und Liebe wird es auf dieser Erde geben.

3. Teil

Seelenrückholung in der Praxis

In meinen Büchern ist es mir wichtig, meinen Leserinnen und Lesern auch praktische Hinweise, Tipps und Meditationen anzubieten, mit denen sie sich selbst helfen können. Auch in diesem Buch möchte ich dir Meditationen vorstellen mit deren Hilfe du Seelenanteile zurückholen kannst und Kontakt zu seelischen Ressourcen bekommst. Bei vielen Menschen funktionieren die Meditationen sehr gut, bei manchen Menschen, manchen Themen oder manchen Situationen weniger gut. Das liegt an der ganz individuellen Problematik des Menschen.

Sei also nicht entmutigt, wenn du mit dem einmaligen Lesen dieses Buches und den Meditationen nicht sofort den gewünschten Effekt erzielst. Manchmal ist es auch noch nicht Zeit für eine bestimmte Meditation oder die Seelenrückholung. Entweder du bist zu angespannt, ausgepowert oder es ist im Moment etwas anderes in deinem Leben dran, das deine Aufmerksamkeit braucht. Wenn das so ist, mache die Meditation oder Seelenrückholung einfach zu einem späteren Zeitpunkt noch einmal. Da deine Seele dieses Buch aus einem ganz bestimmten Grund gewählt hat, gehe ich davon aus, dass allein durch das Lesen des Buches, Anteile deiner Seele angesprochen werden.

Vielleicht ist es für dich aber auch einfacher die Seelenrückholung und Meditationen in der Praxis mit anderen oder mit Anleitung zu erfahren. In dem Fall bist du auch ganz herzlich zu unseren Seminaren oder der schamanischen Ausbildung eingeladen. Auch meine anderen Bücher und die Übungen darin können dich auf deinem Seelenweg unterstützen. Letztendlich geht es bei allen meinen Büchern, Seminaren und Einzelsitzungen um Seelenheilung und um die Entwicklung eigener Seelenkraft. Daher wünsche ich dir jetzt viel Freude und Kraftzuwachs mit den folgenden Seelenmeditationen und der Rückholung deiner Seelenessenzen.

Seelenpräsenz in der Gegenwärtigkeit

Seelenpräsenz im gegenwärtigen Moment zu entwickeln ist eine der wichtigsten Lernerfahrungen der Seele. Damit deine Seele mit ihrer ganzen Kraft voll und ganz im ‚Hier und Jetzt' sein kann, ist es wichtig, mit deiner Aufmerksamkeit ganz bei dir im gegenwärtigen Moment zu sein.

Überall, wo du mit deiner Aufmerksamkeit bist, ist auch ein Teil deiner Seele und deiner Lebenskraft. Wenn du mit deinen Gedanken in der Vergangenheit oder in der Zukunft verweilst, bist du in dem Moment nicht in der Gegenwart. Das heißt, dass du deine Seelenenergie, nicht der Tätigkeit gibst, die du gerade tust.

Deine Handlungen werden dann zu leeren Handlungen und sterilen Abläufen, die du wie eine Maschine abspulst. Je mehr Achtsamkeit du dem gibst, was du gerade tust, desto mehr Seele, Inhalt, Präsenz und Tiefe bekommt dieser Moment.

Um ganz mit deiner Seele und ihrer Kraft in deinem Körper verbunden zu sein, ist es wichtig, mit deiner Aufmerksamkeit im gegenwärtigen Moment und in deinem Körper zu sein. Dazu gehört auch, deinen Körper mit all deinen Sinnen zu fühlen und zu genießen.

Hast du schon einmal ganz präsent Geschirr gespült und das Wasser gefühlt, wie es über deine Hände läuft, den Geruch des Geschirrspülmittels aufgenommen, das Gefühl des Tuches in deiner Hand wahrgenommen, während du über das Geschirr streichst? Eine einfache Handlung, wie zum Beispiel Geschirrspülen, kann eine wunderbare sinnliche Erfahrung sein und durch Achtsamkeit transzendiert werden, sowie viele andere alltägliche Handlungen, die wir häufig monoton ohne Bewusstheit und Achtsamkeit abspulen.

Bist du schon einmal völlig präsent spazieren gegangen, hast jeden deiner Schritte gefühlt, die Bewegungen deines Körpers, deiner Fußsohlen, deines Atem wahrgenommen, die Luft dabei geschmeckt und die Geräusche gehört ohne Beurteilung oder Wertung?

Gespräche, Begegnungen und Tätigkeiten sind seelenvoller, kraftvoller und viel befriedigender, wenn sie in voller Präsenz und Gegenwärtigkeit erfahren werden.

Der Atem kann dir dabei ein wunderbares Werkzeug sein. Er holt deine Aufmerksamkeit und Seelenpräsenz immer wieder in den gegenwärtigen Moment.

Wenn du deinen Atem bewusst in deinem Körper fühlst, bist du in der Gegenwart. Auch die Verbindung zur Erde kann dir helfen, in die Gegenwärtigkeit zu kommen.

Solltest du bemerken, dass du wieder einmal außer Atem durchs Leben hetzt, kannst du folgende Atemübung machen:

- Nimm ein paar tiefe Atemzüge und fühle deinen Atem, wie er in deinen Körper ein- und wieder ausfließt.
- Schließe deine Augen dabei und komme ganz bei dir an.
- Sprich: *„Ich bin ganz bei mir."*
- Berühre deinen Bauch mit deinen Händen und fühle deinen Atem.
- Lass ganz bewusst all deine Anspannungen mit dem Ausatmen abfließen.
- Atme auf diese Weise einige Minuten.
- Wenn du bemerkst, dass deine Aufmerksamkeit noch an anderen Orten oder bei Personen verweilt, die deine Aufmerksamkeit zum gegebenen Zeitpunkt nicht brauchen, stell dir vor, dass du diese Seelenenergie, die noch an diesen Orten oder bei diesen Personen ist, bewusst zu dir zurück und in dich hinein atmest.
- Atme sie in deinen Körper in diesem Moment ein und fühle, wie du kraftvoller und ruhiger wirst.
- Fühle auch deine Füße und Fußsohlen.
- Fühle die Verbundenheit mit der Erde und stell dir vor, dass du von denen Fußsohlen tiefe Wurzeln in die Erde wachsen lässt.
- Sprich: *„Ich bin verbunden mit der Erde."*
- Fühle deine Wurzeln
- Rufe deine Seele und bitte sie, ganz präsent in deinem Körper zu sein.
- Sprich: *„Meine Seele ist ganz präsent in meinem Körper."*
- Fühle das Seelenlicht in dir und lass dieses Licht immer größer werden

Diese kleine Übung braucht nicht lange und kann zwischendurch gemacht werden, um wieder in die Gegenwärtigkeit und Präsenz zu kommen. Du wirst sehen, dass du im Endeffekt Zeit gewinnst, wenn du langsamer, achtsamer und konzentrierter deiner Tätigkeit nach-gehst. Manchmal hilft es schon zwischendurch einfach bewusst in die Füße und Fußsohlen hinein zu atmen, um wieder in die Präsenz zu kommen.

Zum Abschluss dieses Kapitels möchte ich noch eine kleine Anekdote mit dir teilen:

Ein alter Indianer steigt nach einer langen Fahrt an seinem Zielort aus dem Zug aus. Er nimmt seinen Koffer und setzt sich mit ihm auf die braune Erde und wartet. Alle anderen Zuginsassen gehen nach Hause, doch er bleibt den ganzen Tag auf dem Bahnhof neben seinem Koffer sitzen. Der Bahnhofsvorsteher beobachtet ihn den ganzen Tag. Als er am Abend immer noch dort sitzt, fragt ihn der Bahnhofsvorsteher: „Warum sitzt du den ganzen Tag hier? Wartest du auf jemanden?" „Ja", sagte der alte Indianer, „ich warte bis meine Seele mich eingeholt hat."

Energierückholung

In unserem gesamten Leben und im Universum geht es um den Ausgleich von Energie. Schlägt das Pendel zu sehr in die eine Rich-tung wird die Energie durch das Gegenteil ausgeglichen, solange bis eine Harmonie besteht und das Pendel fast ruhig in der Mitte ruht. Das ist die goldene Mitte und das Harmonisieren von Gegensätzen, welches man auch als Liebe bezeichnen kann.

Alle Kriege und Machtspiele auf dieser Welt sind ein Kampf um Energie. Das bedeutet, dass der Gewinner eines jeden Streites oder

Kampfes immer derjenige ist, der den Energiezuwachs hat und der Verlierer Energie verliert – der Verlierer dann aber auch wieder versucht, Energie von anderen zu bekommen.

Wenn wir aus unserer eigenen Seele Energie schöpfen, brauchen wir die Energie aus Machtspielen, Wettbewerben und Kämpfen nicht mehr. Dennoch kommt es vor, dass wir Menschen begegnen, die unsere Energie nehmen und dadurch ein Energieungleichgewicht verursachen. Das fühlst du daran, dass du dich nach dem Treffen mit einer Person energielos und ausgelaugt fühlst. Wenn du um die Gesetzmäßigkeiten des Energieaustausches weißt, kannst du ganz bewusst die Energie, die diese Menschen von dir genommen haben, wieder zu dir zurückholen.

- Stell dir die betreffende Person vor und sage ihr innerlich: *„Gib mir meine Energie zurück!"*
- Atme die Energie von der Person zu dir zurück und fühle, wie du die Energie, die sie dir genommen hat, zu dir zurückholst.
- Dann sprich innerlich: *„Ich stehe dir mit meiner Energie nicht mehr zur Verfügung!"*

Diesen letzten Satz kannst du auch in Anwesenheit der Person denken und dich damit vor einem Energieverlust schützen.

Wenn ich bemerke, dass Menschen mir Energie nehmen und nicht an einem Energieaustausch interessiert sind, wende ich zusätzlich auch meinen Blick von ihnen ab und versuche, das Gespräch so bald wie möglich zu beenden. Einige wenige Male in meiner gesamten Seminartätigkeit kam es vor, dass einzelne Menschen in der Gruppe, so sehr an meiner Energie zogen, dass ich ständig damit beschäftigt war, sie energetisch abzuwehren um meinen

Fokus nicht zu verlieren. In dem Fall konnten mir die CHAKRA-BEWUSSTSEINS-ÖLE BLAU, SILBER und GOLD wunderbar helfen, mich zu schützen.

Das BLAU-ÖL hilft mir, in meiner Stille und in meinem inneren Fokus zu bleiben, das SILBER-ÖL hilft mir mein Energiefeld zu reinigen und die Energie der anderen Person zurückzureflektieren und das GOLD-ÖL baut mein Energiefeld kraftvoll auf und erhöht meine Schwingung.

In meinem Buch ‚Clearing: Befreiung der Seele ins Licht' gebe ich außerdem Techniken weiter, wie man sich energetisch von Fremdenergien reinigen, sich vor anderen Menschen abgrenzen und schützen, sowie energetische Attacken abwehren kann.

Die Seele baumeln lassen

Wenn ich meine Seele baumeln lasse, lege ich mich am liebsten unter einen Baum und schaue in seine Äste und Krone hinauf. Ich atme die Luft ein und freue mich an den Blättern im Wind und der Sonne, wie sie zwischen den Blättern funkelt. Ich nehme die Farben, Geräusche und Gerüche tief in mir auf und öffne meinen Geist und meine Seele. Das geht für mich am leichtesten wenn ich ganz alleine bin und weiß, dass ich niemandem antworten muss. Ich liebe es auch, in den Himmel zu schauen, die Wolken zu beobachten und die Weite und Unendlichkeit der blauen Himmelsfarbe in mir aufzunehmen. „Die Seele baumeln lassen" bedeutet für mich Nichts-Tun. Und obwohl ich nichts Produktives mache, tankt meine Seele in dieser Zeit aus ihren Seelentiefen auf. Danach bin ich immer voller Energie und habe viele neue Ideen. Diesen Zeit-Raum, den ich nicht bewusst steuere, sondern dem ich mich einfach nur hingebe, bringt meiner Seele tiefe Regeneration. Es fühlt sich an, als wenn ich hinabtauchen würde in das Pool reiner Lebensenergie und darin baden würde. Dabei passiert etwas, dass sich wie ein ‚Download von Seelenenergie' anfühlt. Diese Energien stehen mir dann als kreative Energie zur Verfügung.

Um aus dem großen Potential deiner Seele zu schöpfen, ist es wichtig, ab und an deine Seele baumeln zu lassen, um Seelenenergie zu tanken.

Die Seele nähren

Um deine Seele zu nähren brauchst du kein Geld, sondern einfach nur Liebe für dich. Deine Seele zu nähren ist ein Zeichen der Wertschätzung, die du dir selbst gibst. Es gibt viele Möglichkeiten deine Seele zu nähren.

Die Verbindung zur Natur kann deiner Seele Kraft geben, ein Spaziergang, das stille Sitzen an einem schönen Platz in der Natur oder das Liegen im weichen Gras.

Klänge können auch sehr nährend für die Seele sein. Höre Musik, die deine Seele berührt oder musiziere selbst. Singe ein Lied, tanze dazu und öffne dich für die Freude des Lebendigseins.

Vielleicht möchtest du ein Bild malen, ein Gedicht schreiben oder etwas basteln. Mache das, was dir Freude bereitet, nur für dich und deine Seele.

Seelenreise zum Seelenkristall

Deine Seele hat viele unterschiedliche Facetten, Schwingungen und Farben, vergleichbar mit einem wunderschönen Kristall.

Die folgende Seelenreise kann dir helfen, mit den unterschiedlichen Energien, Schwingungen und Qualitäten deiner Seele in Kontakt zu treten. Durch diese Meditation kannst du das Strahlen und die Schönheit deiner Seele erfahren und erkennen, welche Farben und Qualitäten deine Seele zum Ausdruck bringen möchte.

Dafür ist es wichtig, dass du deinen Verstand für den Zeitraum der Seelenreise abschaltest und dich ganz auf das innere Erleben und Fühlen konzentrierst. Nach der Meditation kannst du dann im nachfolgenden Kapitel über die Farben deiner Seele nachlesen und herausfinden, was sie für dich bedeuten könnten und welche Seelenqualität du leben möchtest. Ich empfehle dir, die Erklärungen erst nach deiner Seelenreise durchzulesen.

Es gibt unterschiedliche Möglichkeiten diese Seelenreise zu machen. Lese eine Passage der Reise und schließe dann deine Augen und stelle dir das Gelesene vor, wie du das auch bei einer Geschichte tun würdest. Vielleicht möchtest du dir aber auch die Meditation ganz durchzulesen und dann die Augen schließen, um dir das Gelesene vorzustellen. Oder du lässt dir die Reise von einer anderen Person vorlesen. Du kannst diese Reise im Sitzen oder im Liegen machen.

Bevor du die Reise machst, nimm ein paar tiefe Atemzüge, komme ganz bei dir an und erlaube deinem Körper, sich zu entspannen.

Stell dir vor, dass du einen Spaziergang durch eine wunderschöne Landschaft in der Natur machst. Du fühlst das grüne, weiche Gras unter deinen Füßen und nimmst die Farben und Vielfalt der Pflanzen und Bäume um dich herum wahr. Der Himmel ist blau und grenzenlos. Vögel zwitschern. Du freust dich daran und atmest die Luft tief in dich ein.

Du siehst zwei Schmetterlinge, wie sie lustig in der Luft vor dir tanzen und du folgst ihnen immer weiter durch diese wunderschöne Landschaft. Du hast das Gefühl, dass diese Schmetterlinge dir etwas zeigen wollen und so lässt du dich immer weiter führen. Sie führen dich zu einem Berg und dem Eingang einer Höhle, die dunkel und geheimnisvoll aussieht.

Du bist neugierig, was die Schmetterlinge dir zeigen möchten und du folgst ihnen weiter ins Innere der Höhle hinein. Dort ist alles dunkel und du tastest dich einen Gang entlang, der dich immer tiefer in die Höhle hineinführt. Du fühlst den feuchten Steinboden unter deinen Füßen und gehst mutig immer weiter, bis du ganz in der Ferne einen kleinen Lichtpunkt erkennen kannst.

Du folgst dem Lichtpunkt bis zum Ende des Ganges und gelangst in einen großen, kreisrunden Raum mit einem riesigen Kristall in der Mitte. An der Decke des Raumes befindet sich eine Lichtkuppel, durch die goldenes Sonnenlicht herein scheint und den Kristall in allen Farben widerspiegelt. Voller Ehrfurcht näherst du dich diesem Kristall. Noch nie hast du einen so schönen und großen Kristall gesehen. Während du seine Farben und seinen Glanz bewunderst, bemerkst du, dass der Kristall dein eigenes Inneres widerspiegelt und dass dieser Kristall dein Seelenkristall ist.

Du berührst den Kristall ganz sanft und fühlst die Strahlen und Farben des Kristalls über deine Hände in dich hinein fließen.

Wie fühlst du dich dabei? Welche Farben strahlen von deinem Seelenkristall aus? Ist es eine Farbe oder sind es mehrere?

Lass die Farbstrahlen deines Seelenkristalls über deine Hände und Arme in dein Herz und von dort in deinen gesamten Körper fließen. Genieße die Strahlen und Farben deines Seelenkristalls und lass sie so lange in deinen Körper fließen, bis du genug hast.

Bedanke dich bei deinem Kristall und folge den Schmetterlingen zurück durch die Höhle zum Höhleneingang. Genieße noch eine Zeitlang die wunderschöne Natur um dich herum, bevor du deine Augen öffnest, die Muskeln anspannst und wieder ganz in den gegenwärtigen Moment kommst.

Deine Seelenfarben

Mit welchen Farbschwingungen bist du bei der Reise zu deinem Seelenkristall in Verbindung gekommen? Die Farben, die du wahrgenommen hast, könnten ein Hinweis auf die Seelenqualität und den Seelenanteil sein, den deine Seele leben möchte. Mein Mann und ich arbeiten in unseren Seminaren und Einzelsitzungen mit den folgenden Farben, die ich dir nachfolgend vorstellen möchte:

Rot: Diese Seelenschwingung ist aktiv und mutig. Sie fühlt die Lebenskraft durch ihre Adern fließen, möchte Abenteuer erleben, Mutproben bestehen, Risiken eingehen, ungewöhnliche Wege gehen, einen Berg besteigen, ihre Kräfte unter Beweis stellen oder bei einem Wettbewerb teilnehmen. Sie möchte sich kraftvoll in ihrem Körper fühlen.

Orange: Diese Seelenschwingung möchte das Leben mit allen seinen Sinnen genießen. Sie möchte den Regen auf der Haut spüren, die Luft schmecken, dem Quaken der Frösche zuhören, den Grillen und Vögeln lauschen, die Farben in der Natur in sich aufnehmen, die Kraft und Sinnlichkeit des eigenen Körpers und der Sexualität spüren. Sie möchte alle ihre Gefühle leben und in Tanz, Gesang und Musizieren durch Malen oder Schreiben zum Ausdruck bringen. Dieser Seelenanteil möchte die Lebensfreude und Kreativität leben.

Gelb: Diese Seelenschwingung möchte ihre Sonnenkraft, ihr Selbstvertrauen und ihre Souveränität leben und zum Ausdruck bringen, indem sie eigene Wege geht, Führungspositionen übernimmt und Projekte plant. Probleme sind für diesen Seelenanteil

Herausforderungen und er lebt das Leben mit Humor und Leichtigkeit. Lachen ist für diese Seelenschwingung besonders wichtig, um das Leben nicht zu ernst zu nehmen.

Grün: Diese Seelenschwingung möchte die Verbundenheit mit der Erde, den Wesen der Natur, den Elementen und ihrem eigenen inneren Raum spüren. Sie braucht Freiraum und das Alleinsein, um sich ganz öffnen und Energie tanken zu können. Dieser Seelenanteil möchte sich mehr Zeit für sich selbst nehmen, um die eigenen inneren Seelen- und Herzensräume zu erforschen.

Rosa: Diese Seelenschwingung möchte ihre Empfindsamkeit und Weichheit leben. Sie möchte sich für die Liebe anderer Menschen und für die Vergebung öffnen. Dieser Seelenanteil hat starke Herzqualitäten, die er gerne leben und durch humanitäre Dienste, Nächstenliebe und Mitgefühl zum Ausdruck bringen möchte.

Türkis: Diese Seelenschwingung möchte ihr authentisches und ursprüngliches Wesen und wahres Sein zum Ausdruck bringen. Sie möchte ihre Seelenwahrheit kommunizieren, sowie wahrhaftig und authentisch ihren Seelenweg gehen. Tiefes spirituelles Wissen möchte an die Oberfläche kommen und gelebt werden.

Blau: Diese Seelenschwingung möchte ihre Freiheit leben. Sie liebt die Weite und das tiefe Blau des Himmels und des Meeres. Vielleicht möchte sie segeln oder fliegen. Sie hat starke analytische Fähigkeiten und liebt es, mit Ideen zu spielen. Diese Seelenschwingung genießt die Einsamkeit, Zurückgezogenheit und Stille. In dieser Einsamkeit kann sie Erkenntnisse für sich und andere gewinnen.

Violett: Diese Seelenschwingung möchte ihre Spiritualität und geistigen Fähigkeiten leben und zum Ausdruck bringen.

Sie meditiert gerne, liest spirituelle Bücher und beschäftigt sich mit metaphysischen Themen. Es ist ein höherentwickelter Seelenanteil, der seine geistigen Fähigkeiten und seine Medialität leben, schulen oder im Dienste der Menschheit einsetzen möchte.

Magenta: Diese Seelenschwingung möchte den Weg ihres Herzens gehen. Sie hat erkannt, dass Liebe die stärkste Kraft im Universum ist und möchte diese leben und an andere weitergeben. Sie möchte vor allem Menschen in Not und Krisensituationen helfen. Sie hat eine Verbindung zu hohen Lichtwesen, die sie auf ihrem Weg unterstützen.

Purpur (dunkelrot, rotbraun)**:** Diese Seelenschwingung möchte ihre Natürlichkeit und ihre wilde Ur-Natur zum Ausdruck bringen. Sie steht in Verbindung mit den Mysterien der Erde, den Höhlen, den Kraftplätzen und den heiligen und archaischen Orten der Erde. Sie trommelt gerne und möchte ihre Kraft in Ritualen und Zeremonien leben.

Silber: Diese Seelenschwingung liebt die Nacht, die Sterne und den Mond. Ihre Schwingung ist geheimnisvoll und mysteriös. Sie möchte sich einem Menschen, der Spiritualität oder einer Sache ganz hingeben. Sie ist eine Mystikerin oder ein Mystiker und hat die Fähigkeit, mit den Energien der Natur zu verschmelzen. Dieser Seelenanteil schreibt oder liest gerne Gedichte und Poesie.

Gold: Diese Seelenschwingung lebt in der Fülle und Ganzheit und möchte auch andere Menschen motivieren, an sich selbst zu glauben und ihre Ziele zu erreichen. Dieser Seelenanteil ist ein leuchtendes Vorbild, ein Coach, ein Lehrer, ein Visionsträger und ein Vermittler von Werten und Träumen. Er erschafft und manifestiert aus der Fülle und Kraft seines Bewusstseins.

Kristallin: Diese Seelenschwingung ist ein höherentwickelter spiritueller Aspekt. Es ist ein engelhafter Teil deiner Seele, der in Verbindung mit den höheren Wahrheiten deiner Seele und des Universums steht. Dieser Seelenanteil hat Zugang zu hohen, geistigen Ebenen, Engeln und Kräften und möchte diese zum Wohle aller einsetzen.

Weiß: Diese Seelenschwingung ist weise und voller Erkenntnis. Sie ist unschuldig und rein. Sie hat alle Urteile, Schuldzuweisungen und Bewertungen losgelassen und ruht im Sein. Losgelöst vom irdischen Drama ruht sie in der Gegenwärtigkeit. Dieser Seelenanteil ist ein guter Lehrer, Schriftsteller, Zuhörer, Friedensstifter und Meditationslehrer.

Seelenrückholung
mit den Chakra-Bewusstseins-Ölen

Zu jeder dieser Farben habe ich auch ein Chakra-Bewusstseins-Öl[7] entwickelt, welches die Qualitäten der jeweiligen Farbe beinhaltet. Jedes Öl besteht aus einer Komposition von naturreinen, ätherischen Ölen, die mit ihrer Heilkraft und Energie dazu beitragen können, die Qualitäten der jeweiligen Farbe zu entwickeln und zu leben.

Um leichter Zugang zu einer Seelenschwingung zu bekommen, kannst du einen Tropfen des jeweiligen Öles in deine Handflächen geben, einatmen und dann mit deinen Händen in dein Energiefeld um dich herum geben.

---

7   Direkt bei der Autoin zu bestellen: www.seelen-raum.de

Atme das Öl einige Minuten in dich hinein. Stell dir dabei vor, wie du von der jeweiligen Farbe erfüllt wirst.

Lass aus dieser Farbe eine Persönlichkeit entstehen und nimm Kontakt zu dieser Persönlichkeit auf. Verbinde dich mit dieser Seelenschwingung und fühle dessen Kraft und Energie.

Trete in Kommunikation mit diesem Seelenanteil und finde heraus, wie er sich in deinem Leben einbringen kann und wobei er dir helfen und dich unterstützen kann. Hat dein Seelenanteil auch eine Botschaft für dich?

Geh täglich über einen längeren Zeitraum von zwei bis drei Wochen in Verbindung mit diesem Seelenanteil, indem du das entsprechende Öl einatmest. Dann lass dich überraschen, wie sich dein Leben dadurch verändert und welche neue Erfahrungen du dadurch machst. Die Meditation mit den Ölen kann auch immer dann gemacht werden, wenn du das Gefühl hast, dass ein Anteil deiner Seele Stärkung braucht oder um nach deiner Seelenrückholung die Seelenanteile zu stärken. Viele meiner Leser besitzen inzwischen auch das ganze Set mit allen 14 Chakra-Bewusstseins-Ölen. Wer das Set besitzt, kann intuitiv und blind ein Ölfläschchen mit folgender Absicht wählen:

Welcher Seelenanteil möchte zu mir zurückkommen und gelebt werden?

Durch das intuitive und blinde Wählen der Flasche umgehst du deinen bewussten Verstand und lässt deine Seele entscheiden. Wenn du eine Flasche gewählt hast, mache die Meditation wie beschrieben.

Seelenrückholungszeremonie

Die Zeremonie, die ich dir gleich vorstellen werden, habe ich als geistige Inspiration in einer schamanischen Reise von meinen spirituellen Helfern und vor allem von meinem treuen Freund und Begleiter, dem ADLER, bekommen.

Damals machte ich eine schamanische Reise mit der Frage, wie ich die Seelenrückholung nicht nur in Einzelbegleitung oder innerhalb der schamanischen Ausbildung, sondern auch mit größeren Gruppen machen könne, um noch mehr Menschen in kürzerer Zeit helfen zu können, Seelenanteile zu sich zurückzuholen. Im Sommer sind wir häufig auf Festivals oder Camps und geben Workshops, die ein bis zwei Stunden dauern, mit Menschen, die wir nicht näher kennen. Da auf Festivals viele Menschen auf unsere Workshops kommen, die unerfahren sind und sich in den unterschiedlichsten Lebenslagen und psychischen Verfassung befinden, suchte ich nach einer Methode, die ich mit einer großen Menge und auch unerfahrenen Menschen machen konnte und die sicher war.

Wenn ich eine Gruppe von unerfahrenen Menschen auf eine schamanische Reise führe, um ihre Seelenanteile zu finden, besteht die Gefahr, dass sie an Orte reisen oder Erfahrungen machen, mit denen sie nicht umgehen können.

In meiner schamanischen Reise gab mir Clyde, mein Adler, zu verstehen, dass er sehr gerne Seelenanteile, von anderen Menschen zurückholen würde, sofern diese bereit wären zurückzukommen.

Ein Bild von Clyde seht ihr am Anfang dieses Kapitels. Da Krafttiere immer für den Geist einer ganzen Gattung von Tieren stehen, sprach er für den universellen Adler-Geist. Der Adler-Geist ist für viele Naturvölker die Verbindung zum ‚Großen Geist‘ und der spirituellen Welt. Er kann durch Raum und Zeit fliegen und alle Seelenanteile für uns finden.

Voraussetzung dafür ist allerdings, dass wir diese Seelenanteile auch wollen, bzw. schon bereit sind, sie anzunehmen. Denn mit den Seelenanteilen können wir auch verdrängte Gefühle zurückholen. Das ist erwünscht, denn erst dann können wir ein Gefühlstrauma auch lösen und verarbeiten.

Daher kann es auch sein, dass mit dieser SEELENRÜCKHOLUNGS-ZEREMONIE verdrängte Gefühle wieder auftauchen, damit sie heilen und losgelassen werden können. Das heißt wiederum, dass du auch bereit sein musst, diese Gefühle anzunehmen. Wenn du also Angst davor hast oder noch nicht bereit bist, wird der Adler sie für dich auch nicht zurückholen. Oder sie werden wieder gehen, wenn sie fühlen, dass sie nicht erwünscht sind.

Daher ist diese Methode auch sicher und appelliert in hohem Maße an die Eigenverantwortlichkeit der Person. Es passiert nichts, wofür die Seele der Person nicht innerlich ihre Zustimmung gegeben hätte.

Das Problem, das ich sah, war, dass Seelenanteile zurückgeholt und integriert werden würden, bevor sie Heilung erfahren hätten und das kann einen Menschen gefühlsmäßig überfordern. Bei Seelenanteilen geht es nicht nur darum, dass sie zurückgeholt werden, sondern sie müssen auch geheilt und eine Beziehung muss aufgebaut werden, bevor sie sich gut integrieren können.

Das unterscheidet die Seelenrückholung, wie ich sie lehre, von der traditionellen Methode der schamanischen Seelenrückholung, in der ein Schamane Seelenanteile für eine andere Person zurückholt und sie in dessen Körper einbläst.

Meine Geistführerin gab mir zu verstehen, dass ich die Personen zunächst in Verbindung mit ihrem HEILIGEN RAUM IM HERZEN bringen solle.

In diesem zeitlosen HEILIGEN RAUM IM HERZEN könnten die Seelenanteile dann heilen, bevor sie ganz in den Körper integriert werden würden. Es sei außerdem wichtig, dass die geistigen Begleiter der Menschen in diesem HEILIGEN RAUM IM HERZEN präsent sein sollten, um die Seelenanteile zu empfangen, sich um sie zu kümmern und gegebenenfalls zu heilen.

Wenn wir die Zeremonie auf diese HEILIGE WEISE machen würden, wäre alles im Einklang und in Harmonie mit der Seele.

Daher bitte ich dich, diese Zeremonie auch auf diese HEILIGE WEISE zu machen, indem du dir Zeit nimmst, einen heiligen Raum zu kreieren und dich vorher zu reinigen. Das ist ebenso wichtig, wie die Seelenrückholung selbst. Wenn du diese Zeremonie nicht nur für dich, sondern auch mit anderen durchführen möchtest, ist es wichtig, dass du ihnen die gesamte Thematik dieses Buches vorab erklärst, damit sie ein Verständnis dafür bekommen.

Solltest du mit Seelenrückholungen noch keine Erfahrungen haben und dich nicht so gut darin auskennen, rate ich dir davon ab, diese Zeremonie zu leiten. Besser wäre es, den Personen dieses Buch zu empfehlen, damit sie die SEELENRÜCKHOLUNGSZEREMONIE, nachdem sie das Buch gelesen haben, selbstständig und eigenverantwortlich durchführen können.

Mit dieser Zeremonie kannst du Seelenanteile zu dir zurückholen ohne die schamanische Reise beherrschen zu müssen. Allerdings werden bei dieser Zeremonie nur die Seelenanteile zu dir zurückgebracht werden, die bereit sind zurückzukommen.

Manchmal können sich Seelenanteile nicht so leicht von dem Ort lösen, an dem sie sich befinden. In dem Fall braucht es vielleicht eine schamanische Reise in die Anderswelt.

Vorbereitung zur Zeremonie

Bevor du die folgende Zeremonie machst, solltest du den Abschnitt mit den Fallbeispielen gelesen haben, damit du weißt, worum es geht. Außerdem bitte ich dich, diese Anleitung zunächst komplett durchzulesen und dann die Zeremonie zu einem für dich stimmigen Zeitpunkt zu planen.

Bereite den Ort, an dem die Zeremonie stattfinden soll, liebevoll für deine Seelenanteile vor. Mach dein Zuhause attraktiv für deine Seelenanteile, sodass sie gerne zu dir zurückkommen. Das kann bedeuten, dass dein Haus und der Raum aufgeräumt und geputzt werden, dass du Kerzen im Raum aufstellst oder ihn mit Blumen schmückst. Auch kannst du leise und sanfte Musik abspielen, die dich entspannt und deine Seele berührt und öffnet.

Du solltest gut entspannt sein, diese Zeremonie also nicht nach einem stressigen Arbeitstag machen. Am besten legst du sie auf einen Tag, an dem du frei hast, damit du genug Zeit hast, dich mit den zurückgeholten Seelenanteilen auseinanderzusetzen.

Auch körperliche Reinigung kann eine gute Vorbereitung sein, dich auf die Zeremonie einzustimmen. Zum Beispiel könntest du vor Beginn ein Bad nehmen und dich in saubere, bequeme, helle oder farbenfrohe Kleidungsstücke kleiden.

Bevor du die SEELENRÜCKHOLUNGSZEREMONIE machst, notiere schriftlich, welche Eigenschaften dir im Leben fehlen und welche du gerne zurück hättest. Eigenschaften, die häufig verloren gehen, sind: LEBENSFREUDE, SELBSTLIEBE, SELBSTVERTRAUEN, VERTRAUEN, UNSCHULD, MITGEFÜHL, MUT, LIEBE, WEIBLICHKEIT, MÄNNLICHKEIT etc.

Heiligen Raum herstellen

Ein HEILIGER RAUM ist ein LICHTVOLLER RAUM, in dem deine geistigen Begleiter dich optimal erreichen können. In ihm erhöht sich deine Schwingung und du kannst die Kräfte deiner Seele und deine geistigen Begleiter besser wahrnehmen.

Ein HEILIGER RAUM ist auch ein geschützter Raum, in dem sich deine Seele leichter öffnen und heilen kann.

Beginne damit, dich und den Raum zu reinigen. Das kann durch Räucherung von Salbei, Beifuß oder anderen Kräutern geschehen.

Auch das CHAKRA-BEWUSSTSEINS-ÖL WEISS, hat eine starke reinigende Kraft und kann in den Raum gefächert und in deine Aura gegeben werden.

Ein Klanginstrument kann ebenfalls helfen, die Schwingungen im Raum zu erhöhen. Du kannst trommeln oder rasseln, eine Klangschale oder Wah-Wah-Pipe anschlagen, oder ein Mantra, Seelen- oder Kraftlied singen.

Verbinde dich mit allen 4 Himmelsrichtungen, Mutter Erde, Vater Himmel, und deiner Seele.

Lade dann die spirituellen Kräfte in diesen Raum ein. Das können deine geistigen Lehrer, Schutzengel oder Krafttiere sein.

Die folgende Anleitung ist ein Beispiel und kannst du auf deine Bedürfnisse anpassen, so wie es für dich stimmig und passend ist.

Anrufung der Kräfte

- HEILIGE KRÄFTE DES OSTENS und des ELEMENTES LUFT ich grüße Euch. Bitte kommt in diesen HEILIGEN RAUM.
- HEILIGE KRÄFTE DES SÜDENS und des ELEMENTES FEUER ich grüße Euch. Bitte kommt in diesen HEILIGEN RAUM.
- HEILIGE KRÄFTE DES WESTENS und des ELEMENTES WASSER ich grüße Euch. Bitte kommt in diesen HEILIGEN RAUM.
- HEILIGE KRÄFTE DES NORDENS und des ELEMENTES ERDE ich grüße Euch. Bitte kommt in diesen HEILIGEN RAUM.
- MUTTER ERDE - ich verbinde mich mit dir und deiner Liebe.
- Ich lade alle meine KRAFTTIERE und PFLANZENVERBÜNDETE ein (ggf. spezifisch werden) in diesen HEILIGEN RAUM.
- VATER HIMMEL, GROSSER GEIST, bitte unterstütze mich mit deinem Licht und deiner Liebe.
- Ich bitte die HÖCHSTEN WESEN DES LICHTES UND DER LIEBE und meine GEISTIGEN FÜHRER UND BEGLEITER IN DIESEN HEILIGEN RAUM (ggf. spezifisch werden) zu kommen.
- Bitte schützt diesen Raum und unterstützt diese Zeremonie mit eurer Kraft.
- ADLER, ich rufe dich und heiße dich willkommen in diesen HEILIGEN RAUM.
- ICH öffne mein Herz und meine Seele für deine Kraft.
- Bitte finde alle meine Seelenanteile, die bereit sind zu mir zurückzukommen, und bringe sie zu mir.
- DIESE ZEREMONIE GESCHEHE ZUM HÖCHSTEN WOHLE MEINER SEELE IM EINKLANG MIT DER GÖTTLICHEN HARMONIE.

Zünde jetzt eine Kerze für deine Seele an und, wenn du magst, singe ein Lied für deine Seele.

Meditation: Heiliger Herzensraum

Bei deinem HEILIGEN RAUM IM HERZEN handelt es sich nicht um einen körperlichen Ort, sondern um einen reinen spirituellen Raum, der dich mit der gesamten Schöpfung verbindet. Dieser Raum existiert jenseits von Raum und Zeit auf der Ebene der Schöpfung, die dich mit allem verbindet. In diesen HEILIGEN RAUM, wirst du deine Seelenanteile aufnehmen. In ihm werden sie heilen und wachsen dürfen, bevor sie sich ganz auf der körperlichen Ebene mit dir verbinden.

Die folgende Meditation kann dir helfen deinen HEILIGEN RAUM IM HERZEN zu öffnen, zu reinigen, zu energetisieren, dich mit ihm zu verbinden und Blockaden daraus zu lösen.

- Geh in Verbindung mit deinem HERZEN.
- Wie fühlt sich dein HERZ an?
- Fühlst du Enge oder Dunkelheit?
- Tauchen Gefühle in dir auf?
- Atme in dein HERZ hinein und atme mit dem Ausatmen alle Belastungen aus.
- Fühle, wie dein HERZ immer weiter wird.
- Atme LICHT in dein HERZ hinein und lass deinen HERZENSRAUM immer größer werden.
- Du kannst dir alternativ auch vorstellen, dass du die Fenster und die Türen deines HERZENS öffnest, um LICHT hineinzulassen.
- Nimm dein HERZ als einen weiten HEILIGEN RAUM wahr, der dich mit allen Wesen und allen Ebenen des Seins und der Schöpfung verbindet.
- Erlaube dem GÖTTLICHEN LICHT, deinen HERZENSRAUM zu

reinigen und lass mit dem Ausatmen alle Energien los, die aus deinem HERZENSRAUM gehen möchten, während dein HERZENSRAUM immer größer und weiter wird.

- Stell dir jetzt einen HEILIGEN ORT IN DEINEM HERZEN vor. Das mag ein Kraftplatz, eine Kirche oder ein Tempel sein.
- Nimm diesen Ort mit all deinen Sinnen wahr und fühle die lichtvolle und friedvolle Energie an diesem Ort.
- Lade deine GEISTIGEN BEGLEITER, KRAFTTIERE oder SCHUTZENGEL in diesen HEILIGEN ORT IM HERZEN ein
- Bitte deine GEISTIGEN BEGLEITER, deine Seelenanteile in deinem Herzen aufzunehmen, sie zu beschützen, für sie zu sorgen und sie zu heilen.
- *Sprich: „Mein Herz ist offen für alle meine Seelenanteile. Ich liebe Euch und bin bereit, euch anzunehmen."*

Die CHAKRA-BEWUSSTSEINS-ÖLE können auch wunderbar bei dieser Meditation helfen, indem du sie in deinen HERZENSRAUM einatmest. Wer das Set besitzt kann intuitiv ein Fläschchen wählen. Die Öle ROSA und GRÜN sind speziell für das Lösen von Blockaden im Herzchakra erschaffen.

Seelenrückholung mit dem Adler

Nach dieser Herzmeditation kannst du jetzt den ADLER-SPIRIT bitten, alle Seelenanteile zu dir in deinen Herzensraum zu bringen, die jetzt bereit sind, zu dir zurückzukommen.

- *„Ich bitte den ADLER alle meine Seelenanteile zurückzuholen, die bereit sind zurückzukommen......aus allen Schwingungsebenen, allen Zeiten, allen Dimensionen, allen Orten und von allen Menschen.*
- *Bitte bring sie an meinen HEILIGEN ORT IM HERZEN*
- *Ich danke dem ADLER von ganzem Herzen."*

Es ist jetzt nicht weiter notwendig, dich auf dein Herz zu konzentrieren. Die Seelenanteile werden automatisch von dem ADLER dort hingebracht. Es ist sogar besser die Vorstellung loszulassen, sodass der Adler frei fliegen kann.

Wenn mein Mann und ich diese Zeremonie anleiten, trommeln wir und singen dabei gerne das SEELENRÜCKHOLUNGSLIED, das ich von der geistigen Welt empfangen habe:

Seele, breite deine Flügel
und flieg zurück zu mir.
Mein Herz ist weit.
Mein Herz ist weit.
Komm zurück, meine Liebe,
denn ich bin für dich bereit.

Nachdem du ca. 20 - 30 Minuten gesungen, gerasselt, getrommelt oder anderweitig musiziert hast, kannst du dich wieder mit deinem HEILIGEN ORT IM HERZEN *verbinden, um zu schauen und zu fühlen, welche Seelenanteile vom* ADLER *zurückgebracht wurden. Es ist auch möglich, dass du schon während des Trommelns und Singens eine Wahrnehmung von deinen Seelenanteilen hast oder dass du fühlen kannst, wie sich reine Energie und Seelenkraft in deinen Körper integriert.*

Begegnung mit deinen Seelenanteilen

Diese Meditation kann dir helfen, deine Seelenanteile besser kennenzulernen. Lies dir dabei die einzelnen Abschnitte durch und schließe deine Augen, um den Anleitungen zu folgen. Nimm Papier und Stift zur Hand und schreibe dir auf, was deine Seelenanteile dir Wichtiges mitzuteilen haben, damit du dich später noch daran erinnern kannst.

- Verbinde dich mit deinem HERZENSRAUM und atme dort hinein.
- Begib dich in deinen HEILIGEN ORT IM HERZEN.
- Nimm ihn mit all deinen Sinnen wahr.
- Schau dich nach einem oder nach mehreren Seelenanteilen von dir um. Es können kindliche oder erwachsene Anteile sein.

Wahrnehmungspause: Die Seelenanteile können unterschiedlich wahrgenommen werden. Manche Menschen sehen sie deutlich, andere fühlen sie mehr. Vertraue deiner Wahrnehmung.

- Wenn mehrere Seelenanteile zurückgekehrt sind, entscheide dich, um welchen du dich zuerst kümmern möchtest und wer als erstes deine Aufmerksamkeit braucht.
- Dann gehe in Verbindung mit diesem Anteil.
- Wie geht es diesem Anteil von dir? Fühle ihn.
- Nimm die Stimmung deines Seelenanteils wahr.
- Ist er traurig und zurückgezogen oder freut sich dein Anteil dich zu sehen?

Wahrnehmungspause

- Begrüße deinen Seelenanteil.
- Möchte er dir etwas mitteilen?
- Finde heraus, was deinem Seelenanteil wichtig ist und was er dir mitteilen möchte.

Kommunikationspause

- Fühle, was dein Seelenanteil von Dir braucht und gib es ihm.
- Möchte er von dir gehalten, getröstet oder gestreichelt werden?
- Möchte er etwas mit Dir tun oder dir etwas zeigen?

Liebespause

- Frage deinen Seelenanteil, ob er etwas von dir braucht, damit er glücklich sein kann?

Kommunikations- und Zuhörpause

- Ist es wichtig für deinen Seelenanteil, dass du etwas in deinem Leben veränderst?

Pause zum Zuhören

- Welche ersten Schritte kannst du gehen, damit dein Seelenanteil sich in deinem Leben wohl fühlen kann?

Pause zum Zuhören

- Welche energetischen Qualitäten hat dein Seelenanteil?
- Fühle seine Energie und dann frage dich, auf welche Art und Weise du diese Qualitäten in deinem Leben zum Ausdruck bringen und leben kannst.

Wahrnehmungspause

- Wie kannst du deinem Seelenanteil in deinem Leben den Raum geben, den er braucht, um sich ausdrücken zu können?

Pause zum Zuhören

- Male dir in deiner Vorstellung aus, wie du die Energie und die Qualitäten deines Seelenanteils lebst und zum Ausdruck bringst und wie sich das für dich anfühlt.

Pause zum Visualisieren und Fühlen

- Jetzt, wo du weißt, was dein Seelenanteil braucht, um seine Energie zu leben, bitte ihn, dich darauf aufmerksam zu machen, wenn ihm etwas nicht gefällt oder wenn du wieder in alte Muster verfällst.
- Frage ihn, auf welche Weise er sich bei dir bemerkbar machen wird?

Heilung deines Seelenanteils

In vielen Fällen sind die Seelenanteile glücklich. Es gibt aber auch Anteile, die traurig und verletzt sind. Mit diesen Anteilen ist es wichtig, besonders einfühlsam umzugehen. In den meisten Fällen können Seelenanteile heil werden, wenn du ihnen Aufmerksamkeit und Liebe schenkst und eine lebendige Beziehung mit ihnen eingehst.

Wenn du sie immer wieder in deinem HEILIGEN ORT IM HERZEN besuchst, ist meine Erfahrung, dass es ihnen von Mal zu Mal besser geht. In der Regel reichen die Liebe und die Aufmerksamkeit, die du deinen Seelenanteilen gibst, aus, damit sie mit der Zeit wieder heil und glücklich werden.

Wenn deine Seelenanteile besondere Heilung brauchen, kannst du auch deine geistigen Helfer, deine Krafttiere oder deine Schutzengel bitten, dir dabei zu helfen.

Auch die CHAKRA-BEWUSSTSEINS-ÖLE können dich darin unterstützen, Seelenanteile zu heilen. Die Öle beinhalten die Heil- und Transformationskräfte von vielen verschiedenen Heilpflanzen. Gib dabei einen Tropfen in deine Handflächen und atme den Geruch ein. Stell dir dabei vor, wie du die Heilkraft des Öles in deinen Seelenanteil hinein atmest.

Lass das Öl eine Zeitlang wirken und beobachte, wie sich dein Seelenanteil verändert. Wenn du das Set Öle hast, kannst du intuitiv das Öl wählen, das dein Seelenanteil braucht. Es ist auch möglich, unterschiedliche Öle hintereinander in den Seelenanteil einzuatmen, solange bis es deinem Seelenanteil wieder besser geht.

Wenn deine Seelenanteile ganz gesund sind, wirst du das an ihrer Kraft und Energie fühlen. Du kannst ihnen dann anbieten, mit deinem Körper zu verschmelzen, wie ich es im nächsten Kapitel beschreibe. Manchmal passiert der Verschmelzungsakt auch automatisch, wenn der Seelenanteil dazu bereit ist.

Wenn dein Seelenanteil noch nicht vollständig integriert werden möchte, ist das nicht weiter schlimm. In dem Fall möchte er dich wahrscheinlich noch etwas kennenlernen oder noch vollständig heilen.

Sollte das der Fall sein, schließe die Zeremonie ab, mit einem Dank an den ADLER und deine geistigen Begleiter und führe die Verschmelzung zu einem anderen Zeitpunkt durch. Gehe regelmäßig mit deinem Seelenanteil in Verbindung, wie ich es im Kapitel ‚Seelenbeziehungspflege" beschrieben habe.

Verschmelzung mit deinem Seelenanteil

Die Verschmelzung mit deinem Seelenanteil ist ein HEILIGER MOMENT, den du ganz bewusst wahrnehmen, ehren und würdigen solltest. Es ist der Zeitpunkt, in dem der Seelenanteil sich in deinen Körper integriert und in ihm Heimat findet. Daher ist es wichtig, dass du diesen Seelenanteil von dir ernst nimmst und ihm auch seinen Raum in deinem Leben gibst.

Wenn ihr bereit seid, miteinander zu verschmelzen, nimm Verbindung zu deinem Seelenanteil auf und frage ihn, wo in deinem Körper er gerne hingehen möchte. Dann öffne dich für deinen Seelenanteil und erlaube seiner Energie, sich ganz mit deinem Körper zu verbinden.

Die Verschmelzung ist für viele Menschen eine intensive Erfahrung. Du fühlst, wie sich das Licht, die Energie und die Qualitäten deines Seelenanteils in deinem Inneren an einer bestimmten Körperstelle oder im ganzen Körper verströmen. Viele Menschen sind dabei innerlich sehr berührt, denn sie haben das Gefühl, dass mit der Verschmelzung ein verloren geglaubter Anteil von ihnen endlich heimgekehrt ist und jetzt als Ressource und Kraft zur Verfügung steht.

Heiße deinen Seelenanteil in deinem Körper, deinem Leben und in deinem Haus willkommen. Finde ein Symbol für deinen Seelenanteil, den du an einem besonderen Platz in deinem Haus platzierst.

Das kann ein Bild sein, das du für deinen Seelenanteil malst und aufhängst, ein schöner Stein, den du beim Spazierengehen findest, ein Kristall- oder Edelstein, eine Pflanze oder eine Kerze, die du für deinen Seelenanteil anzündest. Vielleicht hat dein Seelenanteil auch eine Idee, wie er gerne diesen besonderen Tag mit dir verbringen möchte. Bedanke dich zum Abschluss der Zeremonie bei dem ADLER und deinen GEISTIGEN BEGLEITERN für ihre Hilfe und Unterstützung.

Seelenbeziehungspflege

Bei der Beziehung zu deinen Seelenanteilen verhält sich sich wie bei einer guten Freundschaft. Auch diese Beziehungen möchten genährt werden.

Daher empfehle ich dir, anfangs regelmäßig Verbindung mit deinen Anteilen aufzunehmen, auch wenn sie schon in deinen Körper integriert sind. Nimm dir Zeit für deine Seelenanteile und plane Aktivitäten, die ihnen Freude bereiten.

Mit der Rückholung deiner Seelenanteile übernimmst du auch Verantwortung für sie, denn sie werden langfristig nur bei dir bleiben, wenn du sie nährst, ihnen zuhörst und ihnen zeigst, dass sie dir wichtig sind. Wenn du dir keine Zeit für deine Seele nimmst, ist es möglich, dass du den Kontakt und die Verbindung zu deinen Seelenanteilen wieder verlierst.

Nimm dir täglich Zeit, um dich mit deiner Seele zu verbinden und mit deinen Anteilen in Beziehung zu treten. Wenn du in bestimmten Situationen Unbehagen oder Widerstände spürst, kann das ein Seelenanteil sein, der gehört und respektiert werden möchte. Gehe in dem Fall mit deiner Aufmerksamkeit nach innen und fühle, ob dein Seelenanteil dir etwas mitteilen möchte.

Erfahrungsbericht zur Zeremonie

Die SEELENRÜCKHOLUNGSZEREMONIE haben wir die letzten drei Jahre mehrmals im Jahr auf unterschiedlichen Camps und Festivals durchgeführt. Es ist erstaunlich, was mit Hilfe der geistigen Welt innerhalb kürzester Zeit erreicht werden kann.

Ich bin unendlich dankbar und immer wieder erstaunt darüber, wie viele Seelenanteile bei dieser Zeremonie zu den Teilnehmern zurückkommen können. Wir bekommen Rückmeldungen von Menschen, die uns nach einem Jahr auf den Camps wiedersehen und die mitteilen, wie sich ihr Leben nach dieser Zeremonie verändert hat, wie sie sich vollständiger fühlen und wie etwas in ihrem Leben ins Fließen gekommen ist.

An dieser Stelle möchte ich dir von der SEELENRÜCKHOLUNGS-ZEREMONIE auf dem ‚Pacha Mama Camp‘ erzählen, da es für uns die kraftvollste Erfahrung des gesamten Camps war.

Nachdem wir uns in der Gruppe mit unseren Herzen verbunden und gemeinsam getrommelt und gesungen hatten, riefen wir die Kraft des Adlers an, um unsere Seelenanteile zurückzubringen.

Es war ein heißer Tag und die Sonne brannte am Himmel. Als wir gemeinsam trommelten, fühlte ich mich emporgehoben und die Schwingungen in der ganzen Jurte stiegen an.

Durch das Trommeln und Rasseln der Teilnehmer öffnete sich ein interdimenionales Portal, das uns mit vielen Welten und Zeiten verband und sich über viele verschiedene feinstoffliche Dimensionen erstreckte. Mein ganzer Körper vibrierte.

Plötzlich wurde es dunkel und wir konnten mit geschlossenen Augen wahrnehmen, wie ein großer Adler über unsere Jurte hinwegflog und mit seinen beiden Schwingen das ganze Camp bedeckte.

Als er vorbeiflog, windete und stürmte es für einige Minuten und ein Schauer glitt über unseren Rücken. Ich konnte fühlen, wie eine kraftvolle und sehr stabilisierende Energie in mein Herz kam und sich dort verankerte. Gleichzeitig konnte ich wahrnehmen, wie der Adler viele Seelenanteile zurückbrachte, auch zu anderen Menschen im Camp, die nicht an unserem Workshop teilnahmen.

Es war der magischste und kraftvollste Moment, den ich seit Langem erleben durfte. Auch Ralf, mein Mann, empfand es so. Viele Teilnehmer der Zeremonie kamen hinterher auf uns zu und bedankten sich, da es auch für sie eine sehr kraftvolle Erfahrung gewesen war und bei vielen Teilnehmern mehrere Seelenanteile zurückgeholt wurden.

Andere Menschen auf dem Camp, die nicht bei der Zeremonie dabei gewesen waren, konnten ebenso fühlen, dass etwas Kraftvolles geschehen war, als sich das ganze Camp verdunkelte. Sie kamen hinterher auf uns zu und fragten uns, was wir gemacht hätten.

Tief berührt kann ich einfach nur „Danke" für die Hilfe und Unterstützung sagen, die wir von der geistigen Welt bekommen.

Seelenrückholung von Personen

Es ist auch möglich, dass du Seelenanteile von anderen Personen in dir trägst oder andere Personen noch Seelenanteile von dir haben. Das ist häufig bei Liebesbeziehungen der Fall, kann jedoch problematisch werden, wenn beide Personen sich trennen und ihren eigenen Weg gehen möchten. Wenn dein Seelenanteil noch bei deinem Liebespartner ist oder der Seelenanteil deines Ex-Partners bei dir ist, kann das der Grund dafür sein, dass ihr Euch schlecht voneinander lösen könnt und dadurch auch nicht offen für eine neue Partnerschaft seid. Es ist auch möglich, dass andere Personen, die du unbewusst an dich gebunden hast, noch bei dir sind oder umgekehrt.

Mit der folgenden Meditation kannst du die Seelenanteile einer Person zurückgeben oder dir deine eigenen Seelenanteile zurückholen.

- Schließe deine Augen und atme tief ein und wieder aus.
- Gehe mit deiner Aufmerksamkeit nach innen und frage dich:
- Sind Seelenanteile anderer Personen bei mir?
- Fühle in dich, ob du andere Personen bei dir fühlen kannst.
- Wenn ja, dann danke der Person für die gemeinsame Zeit und sprich: *„Ich gebe dich frei. Du bist frei, deinen Weg zu gehen. So ist es."*
- Stell dir vor, dass du mit deinem Atem den fremden Seelenanteil aus dir heraus zu der anderen Person atmest.
- Bitte die andere Person, den Seelenanteil, der noch bei ihr ist, freizugeben und nimm diesen Seelenanteil in Empfang.

Wenn der Seelenaustausch nicht möglich ist, muss möglicherweise noch etwas in der Beziehung gelöst und harmonisiert werden.

Organrückholung

Wenn ein Organ krank oder schwach ist, ist es gut möglich, dass diesem Organ Energie fehlt und dass diese Energie durch ein traumatisches Erlebnis verloren gegangen ist. Im Kapitel ‚Seelenverlust in vergangenen Leben' beschreibe ich die Seelenrückholung von Mira, die Vitalenergie in der Halswirbelsäule verloren hatte, als ihr in einem vergangenen Leben der Kopf abgehackt und im Feuer verbrannt wurde. Das äußerte sich in ihrem jetzigen Leben in einer Schwachstelle an der Halswirbelsäule, mit der sie immer wieder Probleme hatte. Ähnlich verhält es sich auch, wenn wir durch eine Operation ein Körperteil verlieren. Wir verlieren dabei immer auch einen Teil der Energie, die diesem Organ zugehörig war. Diese Energie fehlt dann dem Gesamtorganismus. Daher ist es sinnvoll nach einer Operation auch eine Organrückholung zu machen. In der Vorgehensweise unterscheide ich, ob es sich um ein krankes oder um ein entferntes Organ handelt.

Seelenrückholung eines kranken Organs

Die Energie eines kranken Organs kann durch die SEELENRÜCKHOLUNGSZEREMONIE zurückgeholt werden. Bevor du die Energie des Organs zurückholst, ist es sinnvoll, das Organ zuerst energetisch zu reinigen. Die CHAKRA-BEWUSSTSEINS-ÖLE WEISS und SILBER können dich dabei gut unterstützen.

- Schließe deine Augen, atme tief ein und wieder aus und erlaube deinem Körper zu entspannen.
- Geh mit deiner Aufmerksamkeit nach innen und verbinde dich mit deinem Organ.
- Stell dir vor, dass du weißes Licht in das Organ einatmest

und verbrauchte Energie ausatmest.

- Stell dir mit dem Ausatmen vor, dass grauer Dunst dein Organ verlässt.
- Atme auf diese Weise einige Minuten und nimm wahr, wie dein Organ gereinigt wird.

Fahre jetzt fort, wie bei der SEELENRÜCKHOLUNGSZEREMONIE beschrieben. Es kann sein, dass du während des Trommelns und Singens fühlst, wie die Organkraft zu dir zurückkommt. Vielleicht kannst du aber auch einen oder mehrere Seelenanteile erkennen, die in deinen HEILIGEN ORT IM HERZEN zurückgebracht werden. Du kannst dann mit ihnen in Kontakt gehen, wie im Kapitel ‚Begegnung mit Seelenanteilen' beschrieben ist, und sie gegebenenfalls heilen, wie es im Kapitel ‚Heilung von Seelenanteilen' beschrieben ist. Wenn der Seelenanteil geheilt ist, kannst du ihn mit dem entsprechenden Organ verschmelzen lassen. Trinke hinterher viel klares und natürliches Wasser, um das Organ auch körperlich zu reinigen und zu energetisieren.

Seelenrückholung eines entfernten Organs

Sollte dir während einer Operation ein Organ entfernt worden sein, kannst du anschließend diese Meditation machen.

- Atme tief ein und wieder aus und richte deine Aufmerksamkeit nach innen.
- Rufe die FEINSTOFFLICHE ENERGIEMATRIX UND ENERGETISCHES ABBILD deines Organs zu dir zurück und stell dir vor, wie es an die ursprüngliche Stelle deines Körpers gesetzt wird.
- Du kannst auch deine GEISTIGEN BEGLEITER oder den ADLER

darum bitten, dir dabei zu helfen.

- Um deine ORGANMATRIX energetisch und feinstofflich zu reinigen, atme zuerst jeweils fünf oder mehr Minuten VIOLETTES, dann SILBERNES und zuletzt WEISSES LICHT in das ENERGETISCHE ABBILD deines Organs ein.

- Atme mit dem Licht allen Stress und alle Belastungen aus, die mit der Entfernung und Krankheit des Organs zusammenhängen.

- Die CHAKRA-BEWUSSTSEINS-ÖLE VIOLETT, SILBER und WEISS können diese Reinigung und diesen Prozess des Loslassens kraftvoll unterstützen.

- Stell dir mit dem Ausatmen vor, wie graue Nebelschwaden aus dem Organ entweichen und wie dein Organ vollkommen gereinigt wird.

- Nachdem das Organ gereinigt wurde, atme GOLDENES LICHT in dein Organ ein und energetisiere es auf diese Weise. Auch dabei kann das CHAKRA-BEWUSSTSEINS-ÖL GOLD unterstützend wirken.

- Segne mit dem Einatmen des GOLDENEN LICHTES dein Organ und heiße es in deinem Körper willkommen.

- Stell dir vor, wie dein Organ lichtvoll in deinem Körper an seinem Platz leuchtet.

- Stell dir vor, wie Lichtverbindungen zwischen deinem Organ und dem Rest deines Körpers geschaffen werden und wie Lichtenergie durch dein Organ und den Rest deines Körpers fließt.

Trinke anschließend viel klares Wasser ohne Kohlensäure oder entgifte auf eine andere Art und Weise deinen Körper, sodass nicht nur die energetischen Gifte, sondern auch die stofflichen Gifte ausgeschieden werden können.

Deinen Seelentraum leben

Liebe Leserin und lieber Leser. Wir sind schon fast am Ende dieses Buches angekommen und ich hoffe, dass deine Seele schon beim Lesen dieses Buches etwas vollständiger geworden ist. Ich habe mir Mühe gegeben, dir viel von meinen Erfahrungen mit meiner Seele und meinen Klienten wiederzugeben, damit auch du Anteile deiner Seele zu dir zurückholen kannst.

Wenn dir das Buch helfen konnte, freue ich mich sehr über deine Rückmeldung. Solltest du dennoch das Gefühl haben, dass dir etwas fehlt, begleite ich dich gerne auch persönlich in einer schamanischen Reise, um Anteile deiner Seele zurückzuholen, zu heilen und zu integrieren. Du bist auch herzlich dazu eingeladen, an unserer schamanischen Ausbildung[8] teilzunehmen, um die Verbindung zu deiner Seele, zur Mutter Erde und zum Vater Himmel zu stärken und zu vertiefen.

Während der Ausbildung lernst du die Anderswelt kennen und dich darin zu bewegen, um deine Krafttiere und geistigen Helfer kennenzulernen und mit deren Hilfe Unterstützung in deinem Leben zu bekommen. Nachdem du gelernt hast, dich sicher in der Anderswelt zu bewegen, lernst du auch deine eigenen Seelenanteile zurückzuholen.

Wenn du lernen möchtest, andere Menschen in ihrer Seelenrückholung zu begleiten, bieten wir auch dafür eine Ausbildung an. Auch unsere Seelenlicht Seminare helfen die Seele zu stärken und zu heilen. Je bewusster du mit deiner Seele umgehst und je mehr du ihr Beachtung schenkst, desto einfacher können auch Seelenanteile

---

8   Weitere Informationen im Anhang und auf www.schamanische–ausbildung.net

zu dir zurückkehren. Wichtig ist, dass du dir Zeit und Raum gibst, damit die Impulse deiner Seele in dein Bewusstsein dringen können. Auf diese Weise kann deine Seele dich führen und sie wird dich an Orte oder mit Menschen in Verbindung bringen, die für deine Seele und ihre Entwicklung von Nutzen sind.

Du wirst erkennen, welche Personen oder Orte deiner Seele gut tun und welche du lieber meidest. Du wirst spüren, welche Nahrung dir gut tut und mit welchen Energien du dich in deiner Wohnung, deiner Arbeit und deiner Freizeit umgeben möchtest. Es kann sein, dass du deutlich spürst, dass du dich von manchen Gewohnheiten oder Menschen verabschieden musst.

Das Wichtigste dabei ist, dass du deiner Seele treu bleibst und eine Möglichkeit findest, die Bedürfnisse deiner Seele mit den Bedürfnissen deines Körpers und Umfeldes in Einklang zu bringen.

Nicht immer und zu jeder Tageszeit ist es uns möglich, unserer Seele nahe zu sein. Es gibt Zeiten, da müssen wir schnell handeln, konzentriert arbeiten oder einem anderen Menschen Aufmerksamkeit schenken. Das darf auch sein. Es muss nur das Gleichgewicht gewahrt werden, dass wir uns selbst genauso viel wertschätzen und uns ebenso viel Zeit einräumen, wie wir es für andere Menschen oder Tätigkeiten tun.

Gehe neue Wege und erlaube deine Seele, dich zu führen. Wage den Neubeginn, das Nicht-Alltägliche, und lass dich überraschen, was deine Seele für dich geplant hat und wohin der Weg dich führt. Sei dabei offen für die Segnungen und Überraschungen auf deinem Weg und sieh das Leben als ein Abenteuer der Seele an.

Mögen der Wind, die Sonne und der Horizont
deine Gefährten sein
Mögest du hinausschauen in die Weite
und sagen: „Ja."
Möge jede Zelle deines Körpers
sich dem Sonnenlicht öffnen
Mögest du deine Sorgen
mit den Flügeln der Hoffnung versehen.
Mögest du den Puls in deinen Adern spüren
und sagen: „Ich lebe."
Mögest du hineintauchen in die Vielfalt
und sagen: „Ich liebe."
Mögest du in Bereiche vordringen,
wo es keiner Heilung bedarf.
Möge dein Herz einen Hauch der Unberührtheit berühren
und möge dein Licht in diese Welt strahlen.

Mitakuye Oyasin

Ralf und Bianka Albrecht

Bianka Denise Albrecht sammelte ihre Lebenserfahrung durch unterschiedliche Tätigkeiten im In- und Ausland. Nach einer tiefgreifenden persönlichen Krise erlebte sie ein inneres Erwachen und fand die Verbindung zu ihrer Seele. Diese Erfahrung veränderte ihre Wahrnehmung und ihre Gefühle für sich selbst, für andere und für das Leben dauerhaft. Es ist seitdem ihr Weg und ihre Berufung, andere Menschen auf dem Weg ihrer Seele zu begleiten, um Selbstliebe, Freude, Verbundenheit und Vertrauen zu erfahren und das Leben aktiv selbst zu gestalten. Ihre weiteren Erfahrungen und Einflüsse gründen auf ihren persönlichen Lebenserfahrungen, diversen Auslandsaufenthalten, unterschiedlichen schamanischen Lehrern, ihrer schamanischen Arbeit, sowie auf dem Studium diverser Schriften unterschiedlicher Religionen, Weisheitslehren, alter Schriften und Überlieferungen von C.G. Jung, der Kabbalah, des Sohar, der Bibel, des I-Ging, des Tao Te King, der Essener Evangelien, der Naturreligionen, des Buddhismus, des Hinduismus, des

Sufismus, des Judentums, der Astrologie und der Numerologie. Sie verbindet dieses Wissen mit den Erfahrungen und den Kenntnissen, die sie sich in diversen Ausbildungen in alternativen Seelenheilungsmethoden, durch Schamanismus und durch die Inspirationen und der Führung der geistigen Welt angeeignet hat.

Bianka Denise Albrecht ist Seminar- und Ausbildungsleiterin, Autorin, Mystikerin und Seelenbegleiterin. Sie gibt Einzelsitzungen und Ausbildungen in Clearing, Seelenrückholung, Timeline-Rückführungen und Seelenarbeit.

Gemeinsam mit ihrem Mann Ralf Albrecht leitet sie schamanische Ausbildungen und Seminare für die Seele.

Nähere Informationen über Termine und Seminare entnehme bitte ihrer Internet-Seite:

www.seelen-raum.de und *www.schamanische-ausbildung.net*

Danksagung

Ich möchte von ganzen Herzen meinem treuen und liebevollen Partner und Ehemann Ralf danken, der mich beim Schreiben dieses Buches auf jede ihm mögliche Weise unterstützte. Während ich gemütlich draußen unter dem Baum oder auf der Wiese saß und an diesem Buch schrieb, arbeitete er häufig in unserem Seelenraum Garten oder Seminarhaus und pflegte die Pflanzen, den Teich und die Tiere. Wenn der Computer Probleme machte, war er immer sofort zur Stelle, um diese zu beheben. Er entwickelte das Cover und Layout dieses Buches und brachte es in die richtige Form. In diesem Buch schreibe ich von unseren Erfahrungen, die wir gemeinsam in unseren Seminaren und Ausbildungen mit Seelenrückholung machen durften. Obwohl ich als Autorin genannt werde, wäre dieses Buch ohne seine Mitarbeit nicht möglich gewesen.

Meinem Sohn Caleb möchte ich auch von ganzem Herzen für die Zeit, die er dafür aufgebracht hat, dieses Buch mehrmals Korrektur zu lesen, danken, trotz der ganzen Arbeit und Zeit, die er für sein Studium einsetzen muss. Ich danke dir mein Sohn und es erfüllt mich mit Glück, Stolz und Freude, dass wir dieses Projekt gemeinsam machen. Auch meine anderen beiden Bücher hat er Korrektur gelesen und diese haben schon vielen Menschen geholfen und inspiriert.

Mein großer Dank auch an alle, die ihre Erfahrungsberichte mit den Leserinnen und Lesern in diesem Buch geteilt haben. Wir sind eine große Familie und bleiben im Herzen verbunden.

Literaturempfehlungen

Bianka Denise Albrecht, *Schamanismus der Seele, ein Erfahrungs- und Arbeitsbuch zur Selbstheilung und Rückverbindung mit der Natur und Seele,* Tredition Verlag, Hamburg 2013.

Bianka Denise Albrecht, *Clearing - Befreiung der Seele ins Licht: Ein Licht- und Arbeitsbuch zur Befreiung von Fremdenergien, Besetzungen & Schwarzer Magie,* Tredition Verlag, Hamburg 2015.

Sandra Ingerman, *Auf der Suche nach der verlorenen Seele*, Econ Ullstein List Verlag GmbH & Co, KG, München, 2001, Originalausgabe: Soul Retrieval, 1991.

Sandra Ingerman, *Die Heimkehr der verlorenen Seele*, Econ Ullstein List Verlag GmbH & Co, KG, München, 2001, Originalausgabe: Welcome Home, 1993.

Sabrina Dengel, *Fay und die andere Welt,* Schirner Verlag, Darmstadt, 2013.

Haftungsausschluss

Eigenverantwortung entscheiden, ob er die beschriebenen schamanischen Techniken oder Tipps anwenden möchte und trägt volle Verantwortung dafür. Namen und Personenbeschreibungen in diesem Buch wurden in den meisten Fällen geändert. Zufällige Übereinstimmungen sind daher nicht relevant. Die Inhalte dieses Werkes sind keine Heilzusagen und ersetzen in keinem Fall die Diagnose und Therapie von Erkrankungen und anderen körperlichen Störungen durch einen Arzt oder einem Heilpraktiker. Solltest du akute Erkrankungen haben, ist es daher wichtig, einen Arzt oder Heilpraktiker aufzusuchen. Die Ratschläge zur Selbsthilfe in diesem Buch können deine ärztliche Therapie unterstützen und sollten mit einem Arzt oder Heilpraktiker abgesprochen werden.

Wenn du dir unsicher bist, empfiehlt die Autorin eine Seelenrückholung unter therapeutischer Aufsicht oder im Rahmen einer Ausbildung zu machen. Wenn du unter Psychose leidest, weißt die Autorin dich darauf hin, dass durch das schamanische Reisen ein psychotischer Schub ausgelöst werden kann.

Abbildungsverzeichnis

Für folgende Bilder wurden Lizenzen erworben:

Seite 15: Brahminenweih am blauen Himmel © LEX - Fotolia
Seite 188: Wiese © Stefan Köber - Fotolia

Alle weiteren Abbildungen inklusive Coverphoto sind Originalaufnahmen der Autorin und unterliegen dem Copyright.

Schamanismus der Seele

Ein Erfahrungs- und Arbeitsbuch zur Selbstheilung
und Rückverbindung mit der Natur und Seele

von Bianka Denise Albrecht

Paperback	ISBN 978-3-8495-3825-5
Hardcover	ISBN 978-3-8495-6724-8
E-Book	ISBN 978-3-8495-3832-3

http://schamanismus-der-seele.jimdo.com

Clearing
Befreiung der Seele ins Licht

Ein Licht- und Arbeitsbuch zur Befreiung von
Fremdenergien, Besetzungen & Schwarzer Magie

von Bianka Denise Albrecht

Paperback	(ISBN: 978-3-7323-2314-2)
Hardcover	(ISBN: 978-3-7323-2315-9)
e-Book	(ISBN: 978-3-7323-2316-6)

http://clearing-von-fremdenergien.jimdo.com

Chakra-Bewusstseins-Öle

Bei den Chakra - Bewusstseins Ölen handelt es sich um energetisch hochschwingende Öle, die auf feinstofflicher, seelischer und körperlicher Ebene wirken. Sie werden aus einer Komposition von ca. 70 verschiedenen naturreinen ätherischen Ölen und Pflanzenessenzen, wenn möglich aus kontrolliert biologischem Anbau, in liebevoller Handarbeit, von Bianka Denise Albrecht hergestellt. Dabei nimmt sie in meditativer Atmosphäre mit der jeweiligen Pflanzendeva oder Pflanzenwesen Kontakt auf. Jedes Öl enthält zudem eine bestimmte Farbschwingung, durch die höchste Lichtwesen des jeweiligen Farbstrahls wirken, und auf feinstofflicher Ebene ihre Informationen übertragen. Die Farbstrahlen verkörpern göttliche Prinzipien und besitzen eine enorme Transformationskraft. Die Kraft der Öle werden über den Geruchssinn und die Aura, innerhalb weniger Sekunden übertragen, und wirken zum höchsten Wohle der Seele, harmonisierend. Sie können Blockaden lösen und innere Kräfte und Potentiale freilegen. Jedes Öl ist eine eigene Wesenheit, die dich in unterschiedlichen Belangen deines Lebens unterstützen kann.

Informationen & Bestellung: www.seelen-raum.de

Persönliche Notizen

44590290R00115

Printed in Poland
by Amazon Fulfillment
Poland Sp. z o.o., Wrocław